Sonderdruck aus der Festschrift
der Göttinger Rechts- und Staatswissenschaftlichen Fakultät für
JULIUS VON GIERKE

Das Schicksal der Volkswirtschaft

Von

Erich Egner
Professor an der Georg-August-Universität
in Göttingen

Berlin 1950

WALTER DE GRUYTER & CO.
vormals G. J. Göschen'sche Verlagshandlung, J. Guttentag, Verlagsbuchhandlung,
Georg Reimer, Karl J. Trübner, Veit & Comp.

Das Schicksal der Volkswirtschaft

Von
ERICH EGNER

V o r b e m e r k u n g : Dieser Aufsatz stellt die Ausarbeitung meiner Göttinger Antrittsvorlesung vom 22. 6. 1946 dar. Da die Niederschrift im Sommer des gleichen Jahres erfolgte, enthält die Darstellung durch die Nichtberücksichtigung der seitherigen Entwicklung und neuester Literatur einige Schönheitsfehler, die der Leser freundlichst nachzusehen gebeten wird. Die Veröffentlichung ist bisher durch äußere Umstände, nämlich die Unterbrechung im Erscheinen der Fachzeitschriften, verzögert worden.

I. Das Problem und die Aufgabe

1. Die Aufgabe einer Daseinserhellung der Gegenwart

Wo steht das Wirtschaftsleben unserer Tage? Das ist die in der Gegenwartsnot drängende Frage, die sich dem Volkswirt unabweisbar stellt. Das ist zugleich die Frage, welche seine Wissenschaft nicht aus den Einzeltatsachen und den konkreten Wirtschaftsnöten des Alltags heraus beantworten kann, die nur mit Hilfe einer grundsätzlichen Besinnung auf die geschichtliche Lage der Wirtschaft, nicht nur bei uns in Deutschland, sondern wenigstens im ganzen Abendlande, auflösbar ist.

Damit soll gewiß nicht behauptet werden, daß die Klärung der Gegenwartslage des Wirtschaftslebens über die Tatsachen und Nöte, die wir alle täglich in wirtschaftlicher Hinsicht erleben, einfach hinweggehen könnte. Das wäre ein leichtfertiges Unterfangen, das nur in ideologischer Verbohrung enden könnte, statt den Blick für die

Zusammenhänge der Gegenwart zu weiten und zu schärfen. Wohl kommt es sehr stark auf eine sorgfältige Beobachtung der Tatsachen und des Geschehensablaufes, auf ein Miterleben der Nöte und Sorgen, auf ein Mitempfinden für alles Leid und Elend an, die unsere Umwelt erfüllen. Und doch darf der Blick nicht durch solche Einzelbeobachtungen gebannt werden, wie wir sie täglich machen. Die Wissenschaft hat die Aufgabe der Daseinserhellung, sie muß der Gegenwart ihren Spiegel vorhalten, muß ihr zeigen, wo und wie sich Bleibendes vom Vergänglichen, Wert vom Unwert, Sinn vom Unsinn scheiden, welches die besondere Lage des Augenblicks im großen Ablauf der menschlichen Geschichte ist, worin ihre besonderen Aufgaben und Versuchungen, ihre Möglichkeiten und Gefahren, aber auch ihr unausweichliches Schicksal und ihre Not bestehen.

Ein derartiges Anliegen der Wissenschaft ist nur von einer geistigen Ebene aus zu erfüllen, die sich von der Bewußtseinshaltung des Alltagslebens grundsätzlich unterscheidet. Das erfordert die Loslösung von allen Einzeltatsachen der Erfahrungswelt, nicht um sie zu vergessen, sondern um durch sie hindurch auf die ihnen zugrunde liegenden Zusammenhänge und Wesensmerkmale zu schauen, um sie auf die Ebene der Grundsätzlichkeit zu projizieren. Darauf kommt es darum auch hier an. Ewige menschliche Wahrheiten sind so, wie sie sich unter dem besonderen Gewand unserer Zeitlage darstellen, geltend zu machen.

Die Frage nach dem Schicksal des Wirtschaftslebens ist zugleich die Frage nach der modernen Gestalt des Wirtschaftslebens, die sich in dem Gebilde der Volkswirtschaft ausdrückt. Das Schicksal der Volkswirtschaft kann aber, besonders wenn die Betrachtung durch einen Deutschen vor Deutschen erfolgt, nicht ins Auge gefaßt werden, ohne des Schicksals der deutschen Volkswirtschaft zu gedenken. Gerade wenn hier betont wird, daß die wissenschaftliche Untersuchung über dem Versuch einer Zeitdeutung nicht bei konkreten Gegebenheiten stehen bleiben darf, so heißt das zugleich doch auch, daß die grundsätzliche Betrachtung stets an ihnen orientiert bleiben muß. In diesem Sinne sollen die folgenden Ueberlegungen von der Frage nach dem Schicksal der deutschen

Volkswirtschaft ihren Ausgang nehmen, obwohl sie das Verständnis der Gegenwartslage über die Besonderheiten der deutschen Situation hinaustreiben wollen. Es soll hier nach der geschichtlichen Lage der Volkswirtschaft überhaupt gefragt werden, aber diese Frage kann nicht ganz ohne Heranziehung der besonderen deutschen Erfahrungen beantwortet werden. Es konnte vielmehr so sein — und das ist wirklich die hier vertretene Meinung —, daß die deutschen Erfahrungen in besonderem Maße für die Zeitlage, auch im übervölkischen Bereich, zum mindesten im abendländischen Raum, symptomatisch sind. Die Zuspitzung der politischen, sozialen und wirtschaftlichen Probleme könnte daher hier Dinge offenbaren, die zwar im Auslande auch angelegt, aber durch äußere oder innere Umstände nicht oder noch nicht mit gleicher Explosivität wie hier ans Tageslicht getreten sind.

2. *Das Schicksal der deutschen Volkswirtschaft als Ausgangspunkt*

Das Ende des 2. Weltkrieges hat zusammen mit dem Zusammenbruch des Staatswesens in Deutschland zu einer Erstarrung alles wirtschaftlichen Geschehens ohnegleichen geführt. Das bedeutet einen Zusammenbruch der deutschen Volkswirtschaft, wie man ihn früher kaum für möglich gehalten haben würde. Die Einheit des bisher durch sie zusammengeschlossenen Wirtschaftslebens ist dahin, die Besatzungszonen legen mit ihren Grenzen gar nicht oder nur schwer übersteigbare Barrieren durch das bisherige Wirtschaftsgebiet. Durch die Gebietsabtretungen sind vor allem im Osten große Teile des Wirtschaftsraumes, die Träger wichtiger Erzeugungen waren, verlorengegangen. Es fehlt der für die Einheit der Gesamtwirtschaft wichtige schützende Arm des Staates.

Zu diesen Tatsachen treten die vielen wirtschaftlichen Erschöpfungserscheinungen hinzu. Da sind die gewaltigen Menschenverluste, die der Krieg mit sich brachte, das Fehlen des Nachwuchses aus den vergangenen Kriegsjahren; die Menschen sind schlecht ernährt, nervenmäßig überlastet, zum großen Teil ohne die elementarsten Lebensnotwendigkeiten wie Bekleidung und Behausung, auch geregelter Arbeit entwöhnt, sittlich verwildert.

Da sind die gewaltigen Kapitalverluste, die der Krieg und der Ausgang des Krieges mit sich brachten. Produktions- und Verkehrsanlagen wurden überbeansprucht, nicht erneuert, noch mehr gingen durch den Luftkrieg verloren, wurden bei den Kämpfen im Reiche zerstört oder wurden zu Reparationszwecken abtransportiert. Es fehlt an Roh- und Hilfsstoffen, an Kraftstoffen, an Werkzeugen und sonstigem mobilem Inventar. Der Boden ist ausgesogen. Gewaltiger Raubbau wurde besonders am Wald getrieben. Auch die Gebrauchsvermögenswerte des Volkes gingen zu sehr erheblichem Teil verloren. Ferner ist der finanzielle Sektor des Wirtschaftslebens völlig aus den Fugen geraten. Die Riesenverschuldung der öffentlichen Hand erreicht etwa die Größenordnung des gesamten Volksvermögens, ungerechnet die Reparationsforderungen der Siegermächte. Das Geldwesen ist weitgehend außer Funktion gesetzt. Es gibt keine echten Sparmittel mehr.

Daher ist es wahrlich kein Wunder, wenn das gesamte Wirtschaftsleben still zu stehen droht und wenn es die größten Anstrengungen kostet, ihm nur einige innere Bewegung, meist lokalen Charakters, zu erhalten. Eine deutsche Volkswirtschaft gibt es bei dieser Gesamtlage nur in der Erinnerung. Das ist das gegenwärtige Schicksal der deutschen Volkswirtschaft. Welches wird ihr künftiges sein? Wovon hängt es ab, ob und wie sie zu neuem Leben erwachen wird?

Solche Frage scheint bei der deutlichen Sprache der Tatsachen, welche ihr im Augenblick das Lebenslicht ausgeblasen haben, leicht beantwortbar zu sein. Braucht man doch nur auf die Ursachen ihres Zusammenbruches zu blicken, so ergibt sich von da aus auch schon die Einsicht in die Voraussetzungen, unter denen sie zu neuem Leben erweckt werden kann. So eindeutig diese Feststellungen auf den ersten Blick zu sein scheinen, so sehr erkennt man bei näherem Zusehen doch die von ihnen umschlossene Problematik.

Der Zusammenbruch der deutschen Volkswirtschaft ist augenscheinlich, so sagt man zunächst, die Wirkung der militärischen Niederlage. Er erfolgte durch einen Einbruch von außen in den wirtschaftlichen Bereich, dadurch, daß vom militärischen Sektor her, dann nach Kriegsende mit den Besatzungszonen von der politischen

Ebene her der Volkswirtschaft die Grundlage ihrer Existenz entzogen wurde.

So wenig das Recht eines solchen Urteils bei einer vorläufigen Betrachtung des äußeren Geschehens geleugnet werden kann, so unzureichend ist eine solche Auffassung doch auch für eine auf grundsätzliche Einsichten abzielende Untersuchung. Sie kann nicht an der Tatsache vorbeisehen, daß der wirtschaftliche Zusammenbruch nicht von ungefähr durch äußere Umstände bewirkt wurde, sondern daß er durch die stärkste Ueberbeanspruchung aller wirtschaftlichen Kräfte des Volkes und ihren bis zum Letzten gehenden Einsatz von seiten der staatlichen Gewalten von gestern in höchstem Maße vorbereitet war. Nur durch eine gewaltige Ueberschätzung der gesamten völkischen Kräfte menschlicher und materieller Art ist ein Zusammenbruch solchen Ausmaßes möglich geworden. Er war nicht nur ein wirtschaftlicher oder politischer oder militärischer, sondern ein totaler, der die gesamte Lebensordnung des Volkes umfaßt.

Das ist der entscheidende Gesichtspunkt, von dem her sich das eigentliche Problem der Ursachen des deutschen Wirtschaftszusammenbruchs erschließt. Hier stellt sich nämlich die Frage, wie es zu einer so maßlosen Ueberschätzung und Ueberbeanspruchung der völkischen Kräfte kommen konnte. Von ihr aus wird man gezwungen, den Blick auf die Hintergründe des dramatischen deutschen Schicksals zu richten. Es ergibt sich, daß die Wurzeln dieses Geschehens weit tiefer hinabreichen, als die äußeren Tatsachen zunächst vermuten lassen, daß man zu seinem wirklichen Verständnis nur durch eine Freilegung dieser Hintergründe gelangen kann.

Unter einem solchen Gesichtswinkel zeigt sich dann weiterhin, daß das Geschehen der jüngsten deutschen Vergangenheit sich nicht von Ungefähr abgespielt hat. Es stellt einen jener scheinbar plötzlichen Einbrüche in den Geschichtsprozeß dar, wie sie immer wieder zu beobachten sind, wie sie deshalb aber keineswegs zufällig und überraschend über uns herfallen. Nur eine Betrachtung, welche die historische Situation ins Auge faßt, in welcher sich das deutsche

Schicksal vollzogen hat, wird daher zu den eigentlichen Triebkräften dieses Geschehens vordringen können.

Wenn dies nun versucht werden soll, müssen die folgenden Ueberlegungen den Blick über die wirtschaftlichen Erscheinungen hinaus auszuweiten trachten. Es muß nicht nur unter Ablösung von den konkreten Einzeltatsachen grundsätzlich nach der historischen Verfassung des Wirtschaftslebens gefragt werden, sondern es muß auch der geschichtliche Rahmen, in dem sich ihr Schicksal vollzieht, in die Betrachtung einbezogen werden. Das bedeutet die Notwendigkeit einer Erfassung des wirtschaftlichen Geschehens von seinen geistigen, sozialen und politischen Zusammenhängen her. Nur wenn das Schicksal der Wirtschaft im weitesten Sinn als ein menschliches Geschehen aufgefaßt wird — was die Einbeziehung dieser Zusammenhänge bedeutet —, kann man wahrhaft zu seinem Verständnis gelangen, erschließt sich dem Betrachter, was an ihm Zwang der historischen Lage, was menschliche Verfehlung war, welche Lehren aus ihm für die Gegenwart zu ziehen sind. Das aber ist es, was es heute zu klären gilt, wenn man das Wirtschaftsschicksal der Vergangenheit für den Aufbau einer besseren Zukunft nutzbar machen will.

3. Das Problem einer volkswirtschaftlichen Gestaltlehre

Die so ausgerichtete Frage nach dem Schicksal der Volkswirtschaft ist das zentrale Anliegen einer volkswirtschaftlichen Gestaltlehre. Von ihrer Arbeit sollen die hier angestellten Ueberlegungen Zeugnis ablegen. Sie hat die Aufgabe, den inneren Aufbau und die Sonderart der Gesamtwirtschaft unserer Tage, wie sie das Abendland kennzeichnet, und die in ihr wirkenden geschichtlichen Kräfte herauszuarbeiten.

Der Zugang zu ihr ergibt sich von zwei Seiten her: Da ist einmal die Besinnung auf die äußere Lage, in welche die Kriegsstürme des 20. Jahrhunderts das Wirtschaftsleben nicht nur bei uns versetzt haben. Dabei stößt man auf die säkularen Wandlungen, die sich in der Gegenwart geltend machen und ihr den Charakter einer Uebergangsepoche geben. Sie sind nur aus dem Wirken geschichtlicher

Kräfte, der in der Geschichte angelegten Dialektik, zu verstehen. Ist doch die Geschichte kein punktuelles Geschehen, sondern ein fortlaufendes Werden, in dem jeweils aus der Vergangenheit her Notwendigkeiten für Gegenwart und Zukunft vorgegeben sind. Kein Mensch kann aus der historischen Situation, in die er hineingeboren ist, aussteigen. Ebensowenig können dies Staaten und Völker. So kommt es darauf an, sich von diesen Zwangsläufigkeiten der Geschichte Rechenschaft zu geben.

Zum andern findet man einen Zugang zur Gestaltlehre durch eine Besinnung auf die innere, d. i. menschliche Situation, welche den tragenden Untergrund für alles äußere Geschehen im Wirtschaftsleben darstellt. Die menschliche Situation äußert sich in der geistigen Grundeinstellung, die der Mensch unserer Tage zu den wirtschaftlichen Dingen und Aufgaben hat, in seinem Wirtschaftsstil. Ist es doch von entscheidender Bedeutung, was dieser Gegenwartsmensch aus den auf ihn zukommenden geschichtlichen Notwendigkeiten macht. Bei allem übergreifenden Zwang, dem er in dieser Welt unterliegt, ist er doch keine Marionette des Geschichtsprozesses, sondern schließlich ihr Former und Gestalter. So kommt es darauf an, seinen Anteil am wirtschaftlichen Gegenwartsschicksal der abendländischen Kulturwelt herauszuarbeiten.

Diese beiden Gesichtspunkte, die Frage nach den Kräften der historischen Dialektik und nach der Eigenart des Wirtschaftsstils der Gegenwart sollen uns jetzt den Schlüssel zum Verständnis des geschichtlichen Schicksals der Volkswirtschaft an die Hand geben. Entsprechend wird der folgende Gedankengang in zwei Schritten entwickelt werden. Ein dritter Schritt soll dann aus diesen Gesichtspunkten die Folgerungen ziehen.

II. Die historische Dialektik

1. Die Merkmale der Dialektik in der Geschichte

Suchen wir zunächst die Kräfte der äußeren, historischen Dialektik freizulegen, so sieht man sich hier vor einen höchst komplizierten Tatbestand gestellt. Der Ablauf der Geschichte ist, darauf kommt es an, keine gradlinige Entwicklung. Er vollzieht sich als höchst spannungsvolles, dramatisches Geschehen, bei dem es immer wieder zu Brüchen mit der bisherigen Entwicklung, zu Wendepunkten, den bekannten Pendelschlägen der Geschichte kommt. Diese Veränderungen sind keine zufällig von heute auf morgen anbrechenden, sie sind vielmehr in der Logik der sozialen Welt angelegt.

Sie hängen hier entscheidend mit der Unvollkommenheit der menschlichen Veranstaltungen zusammen, mit der Tatsache, daß jede Ordnung des Zusammenlebens eine historisch einmalige, keine absolute ist. Die einmal historisch gewordene Sozialform hat ihre Blütezeit, dann kommt der Zeitpunkt, von dem ab sie sich selbst überlebt. Sie vergeht an ihren eigenen Unzulänglichkeiten, welche die Kräfte ihnen entgegengesetzter Gestaltungsprinzipien herausfordern und zur Entfaltung bringen. Kraft ihrer Schwächen tragen so alle sozialen Gestaltungen den Keim einer inneren Bewegung in sich, die sie schließlich an die Grenzen ihrer Lebensmöglichkeit zu ihrer Auflösung und Ueberwindung durch neue Gestalten sozialen Daseins hinführt. Das ist das Wirken der geschichtlichen Dialektik.

Vor der Macht dieser übergreifenden historischen Logik gibt es kein Ausweichen. Alles Anstürmen gegen sie ist von vornherein zum Scheitern verurteilt. Alles Streben, das ihr nicht Rechnung trägt, endet in ideologischer Verkrampfung. Dem Menschen bleibt daher ihr gegenüber nichts übrig als der Versuch, sich von diesen auf seine Gegenwart wirkenden geschichtlichen Kräften ein möglichst klares Bild zu machen und so den Raum abzustecken, in dem sein eigenes verantwortliches Handeln überhaupt sinnvoll ist. Zum Gestalter seines Schicksals kann er nicht im Gegensatz, sondern nur im Dienst an den Kräften der historischen Dialektik werden. Wenn er dazu bereit ist, wird sich herausstellen, was er aus diesen Notwendigkeiten zu machen weiß. Nur dadurch kann er sich den Aufgaben der geschichtlichen Stunde gewachsen zeigen.

2. *Die hochkapitalistische Wirtschaft in der Dialektik*

Aus solcher Perspektive fällt ein helles Schlaglicht auf den großen historischen Gestaltwandel, in den unsere Tage gestellt sind. Was wir um uns herum erleben, ist der Zerfall jenes Wirtschafts-

und Sozialgebäudes, das von unseren Urgroßvätern mit größten Hoffnungen begrüßt, dazu berufen zu sein schien, das menschliche Dasein auf eine höhere Stufe der Vollkommenheit zu stellen: der hochkapitalistischen Wirtschaft. Wie arg sind alle diese Fortschrittshoffnungen enttäuscht worden! Wie sehr hat dies Wirtschaftssystem sich als ein höchst gekünsteltes und von irrationalen Kräften getragenes Kartenhaus erwiesen! Nach den verschiedensten Seiten ist das System durch seine innere Dynamik an die Grenzen einer Existenzfähigkeit herangeführt worden.

Dabei schien es lange der wirtschaftlichen Vernunft letzter Schluß zu sein. Kapitalistische Wirtschaft, das bedeutete den Inbegriff aller modernen Wirtschaftsprinzipien, einmal die Ueberlassung der wirtschaftlichen Initiative an die privaten Erwerbskräfte, die Förderung der Tüchtigkeit durch den Wettbewerb, die Einsetzung des Konsumentenbegehrs als Richter über den Wirtschaftserfolg, dann den Sieg der unternehmerischen Produktionsweise, die Verselbständigung der ökonomischen Ratio in der Unternehmung als einem nur ihrer eigenen Logik gehorchenden Zweckgebilde, schließlich und als wichtigstes Kriterium die Steuerung der Gesamtwirtschaft durch den sich selbst überlassenen Markt, durch dessen Eigengesetzlichkeit und die Regulierung des Gesamtmarktes durch seinen reagibilsten Teilmarkt, den Kapitalmarkt. Die gewaltige Leistungssteigerung der kapitalistischen Volkswirtschaften schien für die Ueberlegenheit des Wirtschaftssystems eine eindeutige Sprache zu reden. Und trotzdem haben sich solche Meinungen als trügerisch erwiesen! Die viel gepriesene kapitalistische Wirtschaft ist heute nicht mehr lebensfähig, sie befindet sich in voller Auflösung.

Der Marktautomatismus funktioniert nicht mehr mit der alten Elastizität. Durch das steigende Hervortreten des Anlagekapitals wird eine sinkende Reagibilität und Reaktionsfähigkeit des Marktes bewirkt. Die Konkurrenz ist zunächst in ruinöse Konkurrenz, dann in Konkurrenzausschlüsse umgeschlagen. Die Kapitalakkumulation entzieht sich mit zunehmender Selbstfinanzierung der Steuerung durch den Kapitalmarkt. Dieser verliert daher seine beherrschende Stellung. Die Produktion gehorcht nicht mehr den Weisungen des Marktes, sondern gewinnt mehr und mehr

Herrschaft über ihn. Die Verteilung wird immer weniger durch Leistungswettbewerb und immer mehr durch wirtschaftliche Machtstellung bestimmt.

Die innere Dynamik des Systems, die man zunächst als wirtschaftlichen Fortschritt pries, ist vor allem für die steigenden inneren Schwierigkeiten der hochkapitalistischen Wirtschaft verantwortlich zu machen. Aus ihr wuchsen die Konjunkturen mit ihren Krisen hervor, die in der Jugend des Systems durch den Marktautomatismus schnell überwunden werden konnten, die mit seinem zunehmenden Alter aber immer größere Störungen verursachten. Auch das hängt vorwiegend mit der wachsenden Bedeutung des Anlagekapitals und der sinkenden Umstellungsfähigkeit der Produktion zusammen. Besonders in internationaler Hinsicht ergaben sich für das System im Laufe seiner Entwicklung wachsende Reibungen.

Der Weltmarkt kapitalistischer Prägung hatte zu einer bisher unerhörten Extensivierung der internationalen Arbeitsteilung geführt. Sie war von einer starken Vereinseitigung der volkswirtschaftlichen Strukturen, der bekannten Herausbildung von Industriestaaten einerseits, von Agrarstaaten (in äußerster Zuspitzung von Monokulturen) andererseits begleitet. Das machte auf der einen Seite eine gewaltige Reichtumssteigerung möglich, bewirkte auf der anderen Seite aber eine außerordentliche Empfindlichkeit aller weltmarktabhängigen Volkswirtschaften gegen Störungen der internationalen Arbeitsteilung. Diese machten sich aber seit dem Ende des 19. Jahuhunderts und der zunehmenden Internationalisierung der Konjunkturen und Krisen immer peinlicher bemerkbar. Auf das Schwerste wurde dies System der internationalen Arbeitsteilung aber durch die Erschütterungen des 1. Weltkrieges getroffen. Damals zeigte sich die innere Gebrechlichkeit dieses Gebildes mit erschütternder Deutlichkeit. So ist es nicht überraschend, daß dieser Krieg zu einem wichtigen Motor der für das 20. Jahrhundert kennzeichnenden wirtschaftlichen Strukturwandlung geworden ist.

Kriege haben auf dem Boden des wirtschaftlichen und sozialen Lebens immer eine treibhausähnliche Bedeutung. Sie gleichen Brutkästen, die durch die von ihnen entfaltete Hitze in kurzer Zeit das zuwege bringen, was bei normaler Entwicklung sich ganz langsam vollzogen hätte. Das galt für den ersten Weltkrieg, das trifft auch für den letzten Krieg zu.

Die durch den ersten Weltkrieg zutage geförderten Strukturwandlungen des Weltmarktes haben das gesamte Wirtschaftsleben der Welt in der Periode zwischen den beiden Kriegen überschattet. Die alte internationale Arbeitsteilung war unmöglich geworden. Besonders die durch den Krieg geförderte Industrialisierung bisheriger Agrar- und Rohstoffländer hatte den Weltmarktbedarf so verlagert, daß die alten europäischen Exportindustrien in schwerste strukturelle Krisen gerieten. Auf dem Weltagrarmarkt war es ähnlich. Einer Ausdehnung der Massenerzeugung in Uebersee bei steigenden Kapitalinvestitionen stand ein gesunkener europäischer Bedarf gegenüber. Durch Reagrarisierungsbestrebungen der Industriestaaten wurde das Dilemma bald noch verschärft. Aus diesen Grundtatsachen wuchs die Unzahl der Wirtschaftsnöte aller Welt zwischen beiden Kriegen hervor. Die Tatsachen sind allzu bekannt, als daß sie näherer Erläuterung bedürften.

Aber nicht nur in bezug auf das Funktionieren ihrer Apparatur hat die hochkapitalistische Wirtschaft seit Beginn des 20. Jahrhunderts immer mehr versagt. Ihre Grenzen traten schon vorher von einer ganz anderen Seite aus hervor. Das System hat sich vor allen Dingen auch *in menschlicher Hinsicht* festgefahren. Lag es doch von Anfang an in seinem Wesen, daß der Mensch zu einem Objekt der Marktautomatik entwürdigt wurde. Fragte diese schon grundsätzlich nicht nach den Rückwirkungen auf den Menschen, so ergaben sich mit wachsender Schwerfälligkeit des Systems immer größere Reibungen. Existenzunsicherheit verbunden mit Arbeitslosigkeit und Lohndruck, ferner Monotonie der Arbeit, Gesundheitsgefährdung durch schlechte Arbeitsbedingungen, psychische Bedrückung durch herrschaftlichen Zwang im Betriebe raubten dem arbeitenden Menschen immer mehr die Möglichkeit einer sinnvollen wirtschaftlichen Existenz.

Aus diesen Wurzeln wuchs mit der Entleerung des Arbeitslebens die große soziale Problematik hervor, mit der die kapitalistische Wirtschaft je länger desto mehr belastet war. Es entstand die soziale Bewegung, die sich mit Leidenchaft gegen den von ihr auf den Menschen ausgeübten Zwang auflehnte, die durch die in ihr lebendigen revolutionären Kräfte das ganze System kurzerhand zu zertrümmern drohte.

Durch alle diese Unzulänglichkeiten sind Gegenkräfte gegen die hochkapitalistische Ordnung des Wirtschaftslebens ausgelöst worden, ist es Schritt für Schritt zu einem Abbau seiner Wirtschaftsprinzipien gekommen. Der Marktautomatismus wurde zunächst durch private Abreden eingeschränkt, mußte dann einer wirtschaftspolitischen Marktlenkung weichen. Der arbeitende Mensch wie der Unternehmer wurden mehr und mehr sozial- und wirtschaftspolitischen Normen unterworfen. So wuchs aus dem System der freien Marktwirtschaft dasjenige einer Wirtschaftslenkung hervor. Der Preis, insbesondere der Zins, wurde seiner beherrschenden Stellung entkleidet, wirtschaftspolitische Zielsetzungen traten in den Vordergrund. Das sind in groben Zügen die Merkmale, von denen her der Gestaltwandel des Wirtschaftslebens unserer Tage verständlich wird.

3. Die sozialen Hintergründe der dialektischen Wandlungen

Die freie Marktwirtschaft wird durch eine gelenkte Marktwirtschaft abgelöst. Das planende Element gewinnt in ihr eine laufend steigende Bedeutung. Dadurch wachsen wir von Tag zu Tag mehr aus dem Zeitalter des Marktautomatismus in dasjenige der Planwirtschaft hinein. Diese hat freilich ein anderes Gesicht, als das die kommunistischen Ideologien der Vergangenheit erträumten. Sie ist keine totale, welche die Einzelpläne der privaten Haushalte völlig ausschaltet und damit auch den Marktzusammenhang ertötet. Sie überhöht die Marktwirtschaft durch ihren planenden Ordnungswillen. Dabei zeigt sich, daß es verschiedene Möglichkeiten für die Ausgestaltung der Planwirtschaft gibt, entweder dadurch, daß der Markt in vollem Umfange erhalten bleibt und nur der Lenkung unterworfen wird oder dadurch, daß er teilweise durch direkte staatliche Steuerung ersetzt wird, ferner teils dadurch, daß die Umsetzung der Planung in die Tat dezentralistisch der Selbstverwaltung größerer oder kleinerer Gruppen überlassen bleibt, teils dadurch, daß eine zentralistische Durchsetzung des Gesamtwirtschaftsplanes erfolgt.

Der Uebergang zur Planwirtschaft bedeutet aber nicht nur den historischen Sieg eines neuen Steuerungsprinzips im Wirtschaftsleben. Hinter dieser Oberflächenerscheinung stehen tiefgreifende Wandlungen in der Gestaltung des menschlichen Zusammenlebens. Das sieht man deutlich, wenn man den Blick auf die sozialen Hintergründe dieses Geschehens richtet. Dann erkennt man, daß der Uebergang von der freien Marktwirtschaft zur Planwirtschaft zugleich den Sieg der sozialistischen Wirtschaft über die hochkapitalistische Wirtschaft bedeutet.

Dies zuzugeben, ist heute keine Sache politischer und weltanschaulicher Gesinnung mehr, sondern allein der Anerkennung geschichtlicher Notwendigkeiten. Nicht ob wir den Sozialismus wollen, ist heute eine an uns gestellte Frage, sondern allein was für einen Sozialismus wir wollen, steht jetzt zur Entscheidung. Die Klärung dieses „Was" ist wesentlich auf die sorgfältige Prüfung der historischen Situation, auf die Beachtung der Lehren angewiesen, welche die Geschichte mit ihren sozialen und sozialistischen Experimenten aus den letzten Jahrzehnten an die Hand gibt. Nur ein Sozialismus, der den sozialen Problemen unseres Zeitalters Rechnung trägt, wird die Zukunft gestalten können. Darum hängt heute so Entscheidendes von der sorgfältigen Analyse dieser sozialen Gegenwartsproblematik ab.

Sie ist vor allem durch die sozialen Kulturkrankheiten des 20. Jahrhunderts gekennzeichnet. Drei große Komplexe werden dadurch bezeichnet. Da ist einmal der Tatbestand des Geburtenschwundes, der seit Jahrzehnten an dem völkischen Bestand der alten europäischen Kulturvölker nagt und bei Fortgang der bisherigen Entwicklungstendenz ihre Zukunft schon unter biologischen Gesichtspunkten sehr fragwürdig werden läßt. Da ist zum andern die Landflucht als Ausdruck für die Auflösung der alten Volksordnung und der durch sie bewirkten Bindung des Menschen an traditionale Formen des Zusammenlebens.. Sie reißt die Menschen aus ihren alten Ordnungen heraus, ohne sie in neue hineinzuführen, gefährdet zugleich aber mit der Preisgabe der Bodenständigkeit und der agrarischen Produktion auf ihre Weise die Volksexistenz. Da ist schließlich die Arbeiterfrage als die Kehrseite der sich auflösenden alten Volksordnung, nämlich als Ausdruck der fehlenden Ordnung des Zusammenlebens bei den aus den alten Ordnungen herausgeworfenen Menschen. Der Arbeiter fühlt sich als außerhalb der bestehenden Gesellschaftsordnung stehend, als vom Schicksal benachteiligt, als zu einem Sklaven- und Kärrner-Dasein verurteilt. So lehnt er sich gegen die überkommene Ordnung auf, die daher von innen heraus gesprengt zu werden droht.

Diese Kulturkrankheiten kann man nur verstehen, wenn man sie als Begleiterscheinungen des Zeitalters begreift, aus dem sie hervorgewachsen sind. Das ist wiederum die hochkapitalistische Epoche, die uns hier ihr soziales Gesicht zukehrt. Man erkennt, daß ihr Wirtschaftsgebäude nur auf der Grundlage eines Sozialgebäudes möglich war, das mit jenem zusammen in die Krise ihrer Existenz getrieben wurde. Wiederum war es die innere Dynamik des Systems, welche seine eigene Auflösung bewirkte.

Träger dieses wirtschaftlichen und sozialen Systems aber war eine soziale Schicht, die ihm und der dadurch gekennzeichneten Epoche ihren Stempel aufdrückte. Das war das B ü r g e r t u m. Damit ist eine für das Verständnis des gesamten Zusammenhanges entscheidende Feststellung gemacht. Nur wenn man den bürgerlichen Charakter dieser ganzen Periode sieht, erschließt sich ihre historische Besonderheit. Der dritte Stand, der sich in den großen Revolutionen von 1688 in England, von 1789 in Frankreich, der sich 1783 in den USA, durch die napoleonischen Kriege in Deutschland als politisch mündig erklärt[1]) und als Nation konstituiert hatte, formte sich seinen Staat, seine soziale Welt und seine Wirtschaft. Die hochkapitalistische Wirtschaft war ein bürgerliches Wirtschaftssystem, das aus bürgerlichen Wertungen und bürgerlichem Geist geboren, von bürgerlichen Idealen und Strebungen getragen wurde, aus bürgerlichen Zielsetzungen seine innere Dynamik, seine Entwicklung ableitete.

Die leitenden Ideen, die bei der Geburt des bürgerlichen Sozialsystems Pate standen, waren diejenigen der Vernunft und des Fortschritts. Mit ihnen verband sich eine politische Leitidee, deren Bedeutung oft nicht in gleicher Weise wie diese gewürdigt worden ist. Das ist der nationale Gedanke. Das bürgerliche Zeitalter war, das

---

[1]) Vgl. den Hinweis auf die politische Bedeutung dieser Revolutionen bei Otto H i n t z e , Zur Theorie der Geschichte, Leipzig 1942, S. 136 ff.

erkennt man heute deutlich im Rückblick auf seine Geschichte, das nationale Zeitalter, die Epoche des Selbstbestimmungsrechtes der Völker, die Zeit, in der man bemüht war, aus der Nationalität, dem nationalen Bewußtsein und dem nationalen Wollen der Menschen das maßgebliche politische Gestaltungsprinzip zu machen. Im Glauben an die Macht des nationalen Gedankens und die von ihm ausgelösten nationalen Kräfte, die sich in Freiheit und von der Vernunft geleitet entfalten sollten, ist die bürgerliche Welt aufgebaut worden. So schuf sich das Bürgertum seinen Staat als den modernen Nationalstaat, so schuf es sich seine Wirtschaft als die Nationalwirtschaft.

Was wir als die Volkswirtschaft zu bezeichnen gewohnt sind, war in der Vergangenheit die bürgerliche Nationalwirtschaft. Hochkapitalistische Wirtschaft und bürgerliche Nationalwirtschaft sind nur zwei Seiten ein und desselben Tatbestandes, einmal von der Seite seiner inneren Ordnung her, das andere Mal als historisches Gebilde von außen betrachtet. Dieser nationalwirtschaftliche Charakter des Wirtschaftssystems der Vergangenheit wird deutlich greifbar, wenn man den Blick auf die Herausbildung der hochkapitalistischen Weltwirtschaft lenkt. Dann sieht man, wie die bürgerlichen Ideen der in Freiheit entfalteten Initiative der Einzelmenschen und des dadurch unter ihnen ausgelösten Wettbewerbs mit der Wirkung einer Auslese der Tüchtigsten auch auf das zwischenvölkische Dasein übertragen worden sind. Einen Leistungswettbewerb erstrebte man unter der Parole des free trade auch auf dem Weltmarkte. Wenn jeder Unternehmer auch nur seinem persönlichen Interesse folgte, so verstand er sich doch, wie kosmopolitisch er im übrigen gesonnen sein mochte, letztlich als Angehörigen seines Volkes, so folgte seinem privaten Handel seine nationale Flagge, so war sein Geschäft Ausdruck des Leistungswettbewerbs der Völker.

Im innervölkischen wie im übervölkischen Raum ist es daher dasselbe Prinzip des Wettbewerbs, das durch die Kraft der Leistungsentfaltung das Zusammenleben der Menschen gestaltet. Auch das innere Wirtschaftsleben gewinnt, indem der Wettbewerb die Kräfte anspannt und die Leistungsfähigsten nach oben treibt, nationale Bedeutung. Auf seiner Grundlage steht die Nation schließlich im wirtschaftlichen Wettbewerb der Völker. Je schwächer die im Innern entwickelten Wirtschaftskräfte, um so eher werden sie von den überlegenen Leistungen des Auslandes verdrängt werden.

Daß dieser nationale Gedanke im kapitalistischen Zeitalter durch das Bürgertum getragen wurde, ist für das Verständnis des Zusammenhanges von ausschlaggebender Bedeutung. Der innere Zusammenhang zwischen der Vormacht des Bürgertums im sozialen Leben der abendlichen Völker und dem nationalen Gedanken als der seine Politik tragenden Idee ist nicht schwer zu durchschauen. Er geht auf dieselben Wurzeln zurück, denen die Ideen der Vernunft und des Fortschrittes entsprossen sind. Der moderne diesseitig orientierte Mensch, der mit seiner Vernunft diese Welt zu durchdringen und sich dienstbar zu machen bestrebt war, entdeckte nicht nur die Naturgesetzlichkeit, sondern zugleich auch die Individualität alles Menschlichen. Das Individuum und die Persönlichkeit wurden für ihn zu einem besonderen Wert. Die Hochschätzung der Individualität erstreckte sich aber nicht nur auf die Einzelpersonen, sondern auch auf die Menschengruppen, besonders die natürlich gewachsenen in Familie, Stamm und Volk. So entfaltete der moderne Mensch auch das Selbstbewußtsein dieser Blutsgruppen. Vor allem breitete sich ein Bewußtsein von der Sonderart der Völker aus.

Dies hat lange keine geschichtsformende Kraft besessen. Sie entfaltete sich erst, als das Bürgertum von dem kapitalistischen, dynamischen Geiste, d. h. vom Fortschrittsstreben, so weit erfüllt war, daß es seine Energien nicht nur auf wirtschaftlichem, sondern auch auf politischem Felde einzusetzen bemüht war. Da begann es mit der Verkündigung der Volkssouveränität, strebte es nach Volksherrschaft. So wurde es sich der politischen Möglichkeiten, die im Volkstum und im willensmäßigen Zusammenhalt des Volkes liegen, bewußt. Auf diese Weise machte es aus dem bisher unpolitischen Volksbewußtsein einen politischen Faktor.

So entstand die *Nation* im modernen Sinne *als das seiner Sonderart und seines Eigenwertes bewußte Volk, das sein Schicksal selbst in die Hand zu nehmen gewillt ist.* Das nationale Wollen, das auf Selbstbestimmung gerichtet ist, wurde zu dem das Volk als Nation innerlich einenden Band. Damit wurde ein für die gesamte abendländische Entwicklung entscheidender Schritt getan. Es wurde ein politisches Gestaltungsprinzip auf den Thron gehoben, welches das ganze bürgerliche Kulturgebäude prägen sollte. Trotz des Fehlens alles äußeren Zwanges und trotz der Handlungsfreiheit jedes einzelnen entstand so ein Sozialgebilde von bisher ungekannter innerer Festigkeit, zugleich von einer unerhörten Schlagkraft. Das innere, unausgesprochene, weil allzu selbstverständliche Einverständnis des Menschen wird zum bewegenden Motor der Geschichte. Das ist nach den berühmten Worten von Ernest Renan das Geheimnis der Nation als einer „grande solidarité", einer „conscience morale" und eines „plébiscite de tous les jours."[2])

So bildete sich der Nationalstaat als der von diesem inneren Zusammenhalt des Bürgertums und seinem politischen Wollen getragene Staat. Der Volkswille, verkörpert im Bürgertum, begründete seine Souveränität. So entstand die Nationalwirtschaft als die aus dem gemeinsamen Wollen des Bürgertums hervorwachsende Wirtschaftseinheit, als ein Wirtschaftsgebilde, das nicht mehr wie die Territorialwirtschaft des merkantilistischen Zeitalters künstlich durch staatliche Bande von außen her zusammengehalten werden mußte. Alle Versuche, die hochkapitalistische Volkswirtschaft auf solche etatistische Weise verständlich zu machen, gehen fehl, weil sie an der historischen und sozialen Situation vorbeisehen. Was für die Zeit des absoluten Staates zutraf, gilt nicht mehr für die Epoche des Nationalstaates. In ihr verselbständigte sich die Wirtschaft dem Staate gegenüber, wie oft betont wurde.

Das bedeutete nicht nur, daß die Wirtschaft als solche autonomisiert wurde, sondern auch, daß das Wirtschaftsgebilde der Zeit aus eigener Kraft im Leben stand, in sich selbst seinen Einheitsbezug trug, eben das gemeinsame Wirtschaftswollen des Bürgertums. Seine dynamischen Kräfte haben, wie man oft gesehen hat, die moderne wirtschaftliche Entwicklung getragen. Sie haben zugleich aber, wie man meist übersah, in ihrer nationalen Färbung trotz aller liberalen

---

[2]) Ernest Renan Qu'est-ce qu'une nation? in seinem „Discours et conférences", hier zitiert nach Hans Freyer, Der politische Begriff des Volkes, Neumünster 1935 S. 7 u. 10.

Bestrebungen als inneres Bindemittel des Volkes gewirkt, welches das Volksganze magnetartig zusammenhielt.

Diese innere Festigkeit der Nation und ihres Wirtschaftsgebildes war allerdings mit einem großen Opfer erkauft worden, das lange nicht deutlich hervortrat. Es bestand darin, daß der Zusammenhalt der Nation kein totaler war, sondern nur von e i n e r sozialen Schicht, dem Bürgertum, getragen wurde, indem es die anderen an sich band, in sein Schlepptau nahm. Der dritte Stand wurde zum Träger des Nationalstaates und der Nationalwirtschaft. Als pars pro toto suchte er in sich die Gesamtheit des Volkes zu verkörpern. Er handelte politisch und wirtschaftlich immer für dies Volk und im Namen des Volkes. Durch seine Energien suchte er das Volksganze mit sich fortzureißen. Er überfärbte das Ganze in seinen nichtbürgerlichen Schichten von seinen Wertungen und Zielsetzungen her. Der Angehörige des Staates war der Staats„bürger", das Ganze war die „b ü r g e r l i c h e" G e s e l l s c h a f t.

Nur so, von der stellvertretenden Stellung des Bürgertums für das Volksganze her darf man die moderne Nation, den Nationalstaat und die Nationalwirtschaft verstehen. Darin liegt ihr bürgerlicher Charakter. Darin liegt aber auch die Gebrechlichkeit dieses Sozialgebäudes. War es doch nur solange lebensfähig, als das Bürgertum mit innerem Recht im Namen des Volksganzen auftreten konnte, als sich ihm keine anderen politischen und sozialen Ideen entgegenstellten, als die anderen Volksschichten sich willig der bürgerlichen Führung anvertrauten.

Die magnetisch das Volksganze zusammenhaltende Kraft des Bürgertums konnte nur so lange störungslos wirken, als die anderen Volksschichten noch in mittelalterlicher Gebundenheit verharrten, stationär blieben. Je mehr aber ihre traditionellen Bindungen aufgelöst wurden, eine unbürgerliche, dynamisierte soziale Schicht entstand, um so mehr mußte die vom Bürgertum geschaffene Einheit des Volksganzen in die Brüche gehen.

Für eine solche Auflösung der bürgerlichen Gesellschaft hat das Bürgertum selbst durch die Dynamisierung seiner gesamten Umwelt gesorgt. Damit zugleich ist es selbst in eine schwere Krise seiner geistigen, politischen und sozialen Existenz geraten. Es ist heute nicht mehr die führende und im öffentlichen Leben tonangebende soziale Schicht, deren Ideen und Wertungen von den anderen Volksschichten bedenkenlos bejaht werden. Was wir in den Stürmen der Weltkriege des 20. Jahrhunderts erlebt haben, ist der soziale und wirtschaftliche Existenzkampf des Bürgertums. Auch politisch hat es seine Führungsrolle ausgespielt, seit es aus der Mitte des sozialen Lebens verdrängt worden ist.[3]) Damit gehört der bürgerliche Nationalstaat der Vergangenheit an. Noch 1918 konnte das nationale Prinzip als das Selbstbestimmungsrecht der Völker die Köpfe beunruhigen, wenn sein Scheitern an der politischen Wirklichkeit in den folgenden Jahren auch schon zeigte, daß seine Zeit vorbei war. 1945 ist es um das Prinzip ganz still geworden. Es gehört einer heute versunkenen Welt an.

Was für den Nationalstaat gilt, trifft aber ebenso für die Nationalwirtschaft zu. Auch sie hat mit dem sozialen und wirtschaftlichen Zusammenbruch des Bürgertums ihr Ende gefunden. Neue Kräfte bewegen heute das wirtschaftliche, soziale und politische Leben. Nur solange als das Bürgertum in seiner sozialen Stellung unangetastet war, konnte es seine Wirtschaftsprinzipien der Gesamtwirtschaft des Volkes aufprägen. Heute ist aber an seiner Stelle eine andere Schicht in das Zentrum des sozialen Lebens getreten. Das ist das Arbeitertum. Im Schoße des bürgerlichen Zeitalters herangewachsen, hat es immer mehr Bedeutung im öffentlichen Leben gewonnen. So erleben wir es, wie seine formenden und prägenden Kräfte heute von Tag zu Tag mehr das gesamte menschliche Zusammenleben färben. Der Arbeiter ist zur beherrschenden Sozialfigur

---

[3]) Zur Vermeidung von Mißverständnissen sei betont, daß hier nicht das Ende des Bürgertums schlechthin verkündet werden soll. Der Bürger ist nicht nur eine Figur des „bürgerlichen Zeitalters", wenn ihm auch in diesem eine besondere geschichtliche Mission zugefallen ist. Darum konnte Georg Weippert schreiben, daß man den bürgerlich-kapitalistischen Menschen nicht mit dem Bürger überhaupt gleichsetzen dürfe. „Der Bürger überhaupt ist ein Typus von viel weiterem historischem Umfange und wesentlich größerem menschlichen Tiefgang. Der bürgerlich-kapitalische Mensch ist eine Zersetzungserscheinung und Zersetzung herbeiführend, der ‚Bürger' hingegen ist in seinem Kern bewahrend, traditional eingestellt und dennoch Neuem zugänglich." S. Georg Weippert, Daseinsgestaltung, Leipzig 1938, S. 59.

unserer Tage geworden, so wie es der Bürger einmal gewesen ist. Nicht mehr ein Bürger, sondern ein Arbeiter zu sein, ist heute der Stolz des Mannes aus dem Volke. Das Volksganze stellt sich dem Zeitgeist nicht mehr als die bürgerliche Gesellschaft, sondern als das „arbeitende Volk“ dar.

Mit dem Hervortreten des Arbeitertums gewinnt das öffentliche Leben einen veränderten Anstrich. Ganz neue Lebenserfahrungen, ein neues Lebensgefühl und neue Wertungen setzen sich in ihm durch. So ist auch sein wirtschaftliches Wollen auf ganz andere Ziele als dasjenige des Bürgers gerichtet. Im Zeichen dieses Wandels steht unsere Gegenwart. Diese sozialen Wandlungen, die in der geschichtlichen Dialektik unseres Jahrhunderts längst angelegt waren, haben durch den 2. Weltkrieg eine große Beschleunigung erfahren. Er hat besonders bei uns in Deutschland dem sozialen Zusammenbruch des Bürgertums in ungeahntem Maße Vorschub geleistet, hat zugleich die Kräfte des Arbeitertums wie nie zuvor zur Entfaltung gebracht.

4. Von der bürgerlichen Nationalwirtschaft zur arbeiterlichen Gemeinwirtschaft.

Nur von hier aus erschließt sich die Frage nach dem Schicksal der Volkswirtschaft. Sie ist als die Wirtschaft, die von den Kräften und dem Wollen des nach selbstverantwortlicher Gestaltung seines Schicksals strebenden Volkes getragen wird, zu bestimmen. Das ist diejenige Begriffsfassung, die der historischen Sonderart des Wirtschaftsgebildes Rechnung trägt und zugleich den Zugang zu dem sozialen Geschehen eröffnet, das ihr zugrunde liegt und sich in ihrem Rahmen abspielt.[4]) Eine solche Bestimmung des Wesens der Volkswirtschaft zielt auf den großen politisch-sozialen Zusammenhang, aus dem heraus das eigentümliche moderne Wirtschaftsgebilde erst möglich geworden ist. Die für sie entscheidende Voraussetzung ist aber der Tatbestand des nach Selbstbestimmung seines Schicksals

---

[4]) Dieser Begriff ist erst möglich geworden auf Grund der Vorarbeit, die Max Hildebert Böhm in seinem „Eigenständigen Volk“ (Göttingen 1932) geleistet hat. Sein Kapitel über den Begriff der Volkswirtschaft bedeutet einen der wesentlichsten Beiträge, die seit Jahrzehnten zu diesem Problem geliefert worden sind. Wenn der Volkswirt ihm bei seiner Begriffsfassung trotzdem nicht zu

drängenden Volkes. Ohne diese politische Voraussetzung wäre die moderne Volkswirtschaft nicht möglich geworden. Es kommt darin die durch Rationalisierung und Fortschrittsstreben des modernen Menschen bewirkte Dynamisierung des Volkslebens zum Ausdruck, die sich in den obengenannten Revolutionen entlud. Es wird damit aber eine Voraussetzung für die Gestaltung des Wirtschaftslebens bezeichnet, die auch für unsere Tage noch bedeutsam ist, obschon sie sich in anderem Lichte als 1688 oder 1789 darstellt.

Es ist eine Tatsache, daß die innere Dynamik des Volkslebens nicht geschwunden ist, sondern an Ausdehnung und Intensität gewonnen hat. Das Verlangen nach selbstverantwortlicher Schicksalsgestaltung wird heute aber nicht mehr vom Bürgertum, sondern vor allem von der im kapitalistischen Zeitalter erst herangewachsenen Schicht des Arbeitertums getragen. Sein Hervortreten bedeutet daher, daß der Sinn einer selbstverantwortlichen Schicksalsgestaltung des Volkes heute nicht mehr in einem bürgerlichen, sondern immer stärker in einem arbeiterlichen Sinne gesehen wird.

Der Versuch des dritten Standes, in sich als pars pro toto das Gesamtvolk zu verkörpern und dies zu vertreten, wenn es als Nation sein Zusammenleben gestaltet, muß als gescheitert betrachtet werden. Das ist die Lehre der Geschichte aus den letzten Jahrzehnten — ungeachtet all der großen Leistungen des bürgerlichen Zeitalters, worüber hier nicht gerechtet werden soll. Es wäre sträflich, davor die Augen zu verschließen. Man mag den Niedergang des Bürgertums bedauern, besonders wenn man selbst seiner Welt mit wesentlichen Teilen seiner geistigen und kulturellen Existenz verhaftet ist. Es ist das aber ein unausweichliches Schicksal.

Den Grundsatz der selbstverantwortlichen Schicksalsgestaltung durch das Volk für das Volk, hat sich jetzt der vierte Stand zu eigen gemacht, der nun mit dem Anspruch auftritt, das eigentliche

---

folgen vermag, so liegt das daran, daß bei Böhm das Wesen der Volkswirtschaft ganz auf die Volksdisziplin, auf den Einsatz der völkischen Wirtschaftskräfte im Selbstbehauptungskampf der Völker gestellt wird. So wichtig diese dynamische Auffassung ist, so geht darüber doch der Gebildecharakter der Volkswirtschaft verloren. Das bedeutet gegenüber der statischen Auffassung der Volkswirtschaft in der Vergangenheit aber, daß man das Kind mit dem Bade ausschüttet.

Volk darzustellen, der mit seinen Wertungen und von seinen Lebensbedürfnissen her zunehmend die ganze politische und soziale Welt prägt. Das ist der Boden, von dem her der Strukturwandel der Volkswirtschaft verständlich wird. So wie die Volkswirtschaft der Vergangenheit die bürgerliche Nationalwirtschaft war, so formt das Arbeitertum sich sein Volk, so wachsen aus dem zu politischem Bewußtsein erwachten Arbeitervolk ein arbeiterlicher Staat und ein arbeiterliches Wirtschaftsgebilde hervor.

Der Staat der Zukunft, dem der vierte Stand als seinem Ideal zustrebt, ist der Gemeinschaftsstaat, das Wirtschaftsgebilde der Zukunft aber die arbeiterliche Gemeinwirtschaft. Die Volkswirtschaft der Vergangenheit war eine Wirtschaft des Volkes, im Grunde nur aus der Perspektive des Bürgertums, das ihr seinen Geist eingehaucht hatte. Die Volkswirtschaft der Arbeiterwelt sucht aus den Schwächen der bürgerlichen Nationalwirtschaft Folgerungen zu ziehen. Sie zielt daher auf Erfüllung der volkswirtschaftlichen Idee, auf eine echte Gesamtwirtschaft des Volkes, die getragen ist von den Gemeinschaftskräften der breiten Volksschichten, auf eine Gemeinschaftswirtschaft des arbeitenden Volkes.

Die innere Notwendigkeit, mit der sich dieser Wandel vollzieht, kann man nur verstehen, wenn man einen Blick auf die dies Geschehen tragende soziale Figur, auf den Arbeiter, wirft. Nach 150 Jahren des Suchens und Tastens gewinnt er heute als sozialer Typus Gestalt. Die ganze Arbeiterbewegung findet ihren letzten Sinn in unseren Tagen darin, daß der Arbeiter sich selbst findet. Noch nach dem letzten Krieg konnte Henrik de Man[5]) von der Verbürgerlichungstendenz des marxistischen Arbeiters sprechen. Jetzt streift er mehr und mehr die bürgerliche Verkleidung ebenso ab wie die Manieren des wilden Revolutionärs. Die Minderwertigkeitskomplexe, die de Man hinter dem Verbürgerlichungsbestreben sah, sind geschwunden. In seinem Selbstbewußtsein liegt gerade die besondere Kraft des Arbeiters. „Alle Räder stehen still, wenn dein starker Arm es will!" Mit jugendlichem Elan erobert er sich das öffentliche Leben.

---

[5]) H. de Man, Zur Psychologie des Sozialismus, Jena 1926.

Je mehr aber der soziale Typus des Arbeiters unserer Zeit den Stempel aufdrückt, um so mehr setzt sich seine Daseinshaltung in unserem Leben durch. Diese ist geformt durch die besonderen Erlebnisse seiner Arbeitswelt. Dreierlei ist es, was sie inhaltlich bestimmt. Da ist einmal die Abhängigkeit seiner Existenz. Sie wird als unausweichlich hingenommen, nachdem das bürgerliche Freiheitsideal aufgehoben wurde. Wahre Freiheit besteht nur in Bindungen. So wird das Leben in der Hierarchie hingenommen. Er fügt sich ihr in einer Art soldatischer Haltung ein. Ein Genossenschaftsgeist macht sie ihm grundsätzlich erträglich (so große Probleme hier im einzelnen auch noch bestehen mögen, deren Lösung eine der großen wirtschafts- und sozialpolitischen Aufgaben der Zukunft sein wird.)

Da ist zum andern die Bestimmtheit seines Lebens durch die moderne, rationale Technik. Es ist ganz in eine technisierte Welt eingebettet. Dadurch ergibt sich eine Fahrplanmäßigkeit seines Lebensrhythmus. Seine Arbeit ist durch die Technik bestimmt. Daher kennt er den Stolz auf die individuelle Qualitätsleistung, wie er den Handwerker beseelt, nicht mehr. Er ist „Funktion" in einem Gesamtarbeitsprozeß geworden, kann sich nur durch die Zugehörigkeit zu ihm über sich selbst hinausgehoben fühlen. Darum hat er eine Arbeitsehre, die sich von dem Ganzen, in dem er steht, ableitet. Die Technik gibt auch seinem Dasein außerhalb der Arbeit das Gepräge: Straßenbahn, Omnibus geleiten ihn zur Arbeit, nach Hause, zu den Plätzen seines Erholungslebens. Das Radio, die Zeitung, der Film füllen wesentliche Teile seiner Freizeit aus.

Da ist schließlich sein Leben in der Menge. Er ist nur einer unter Hunderttausenden, die sein Schicksal teilen. Das sind die Genossen, zu denen er sich hingezogen fühlt. Als „Funktion" ist er nur ein Rädchen in einem großen Räderwerk, dem er sich allein ohnmächtig ausgeliefert fühlt. Aber er sucht diese Ohnmacht zu überwinden, indem er Stütze an den Schicksalsgenossen erstrebt. Der Masse, die sie alle zusammen bilden, sucht er durch die „Organisation" Herr zu werden. So schafft er sich einen künstlich gestalteten Lebensraum: Gewerkschaften, Schrebergartenvereine, Sportvereine, Arbeiterbildungsvereine usw. Daher ist er bemüht, diese Organisationen mit seinem Geist zu erfüllen. Dieser Geist ist ein genossenschaftlicher, er strebt nach Gemeinschaft. Wo der Bürger Nation und Freiheit sagt, da sagt der Arbeiter Organisation und Gemeinschaft!

Von hier aus erschließt sich der Sinn der Rede vom Gemeinschaftsstaat und von der Gemeinwirtschaft. Wo das Arbeitertum den Geist des öffentlichen Lebens bestimmt, da wird sein Gemeinschaftswollen zu einer staatstragenden Kraft. Der Gemeinschaftsstaat besagt dann, daß in solchem Zeitalter die bloße Tatsache des Vorhandenseins eines nationalen Bewußtseins keinen gestaltenden politischen Faktor mehr bedeutet. Hat die Erfahrung doch gelehrt, daß der nationale Gedanke oft nur ein Aushängeschild für das politische Wollen einzelner Volksschichten war, hinter dem sich gruppenegoistische Interessen verbargen, und daß dadurch Keile in das Volksganze getrieben wurden. Deshalb wird jetzt das Gewicht auf das Verbindende, auf die Gemeinschaft im Zusammenleben, gelegt. Dies zur Entfaltung zu bringen, ist die Aufgabe des Gemeinschaftsstaates. Die Ersetzung des Nationalstaates durch den Gemeinschaftsstaat bedeutet dabei aber nicht den völligen Verzicht auf das nationale Element beim Aufbau des Staatswesens, sondern umgekehrt das Streben nach Verwirklichung seines echten Anspruches — statt ihm nur einen formalen und damit verfälschenden Ausdruck zu geben. Dieser Anspruch besteht darin, daß die in der Gemeinsamkeit des Volkstums, d. h. der Abstammung, des geschichtlichen Schicksals, der Kultur liegenden Gemeinschaftskräfte für die Gestaltung des Zusammenlebens ausgenutzt werden, um den Menschen dieses Volkstums eine ihrer besonderen Art entsprechende und auf sie zugeschnittene Lebensordnung zu bauen.

Dem Gemeinschaftsstaate entspricht die Gemeinwirtschaft. Damit tritt hier ein alter Begriff der sozialistischen Theorie, in dem sich alle ihre Zukunftshoffnungen verdichteten, in den Blick. Die Gemeinwirtschaft meint das Gemeinschaftsinteresse, sie ist das von den Gemeinschaftskräften des Arbeitertums getragene Wirtschaftsgebilde. Sie ist die in der sozialen Welt des Arbeiters sich entfaltende Wirtschaft, die auf Mobilisierung aller Kräfte des arbeitenden Volkes auf ein gemeinsames Ziel, die Unterhaltsversorgung dieses Volkes, abzielt. Diese Wirtschaft baut sich gemäß den Grundsätzen der Daseinsgestaltung des Arbeitertums auf. Sie ist eine technisierte, organisierte und geplante. Sie stellt dadurch eine Gesamtwirtschaft als Gesamtarbeitsprozeß dar. Nicht die freie Initiative der homines privati ist für sie entscheidend, sondern die Planung der Gesamtheitsbelange, nach der sich die wirtschaftenden Menschen, die „Arbeiter", als Funktionäre der Gesamtheit zu richten haben.

So sieht man hier, wie die Gemeinwirtschaft zugleich eine Planwirtschaft bedeutet. Beide Begriffe bezeichnen zwei Seiten desselben Tatbestandes, wobei dieser einmal seiner sozialen Eigenart nach, das andere Mal seinem inneren Strukturprinzip nach gekennzeichnet ist. Planwirtschaft bedeutet dabei, wie schon festgestellt wurde, den Uebergang von der autonomen zu einer heteronomen Marktwirtschaft, nicht aber zu einer marktlosen kommunistischen Wirtschaft. Die Gemeinwirtschaft bezeichnet den Wandel der Volkswirtschaft, wie er sich mit der Umformung der Sozialstruktur des Volkes aus der bürgerlichen Nation zur arbeiterlichen Gemeinschaft ergibt.

Darin äußert sich der Wandel der historischen „Gestalt" des Wirtschaftslebens. Die Gemeinwirtschaft ist als das von den Gemeinschaftskräften des Arbeitertums getragenen Wirtschaftsgebilde anzusprechen, das der Leitidee der selbstverantwortlichen Schicksalsgestaltung des Volkes auf wirtschaftlichem Gebiet den gleichen Ausdruck geben will, wie der Gemeinschaftsstaat es auf politischem Gebiete tut. Beide Gebilde erfüllen diese Aufgabe in einer Weise, die für das Verständnis des Grundsatzes von der Selbstbestimmung des Volkes durch das Arbeitertum typisch ist. An die Stelle des nationalen Prinzips ist hier dasjenige der Gemeinschaft getreten. Das entspricht der Verschiedenheit des Weltbildes beider sozialen Schichten. Wo das Bürgertum von der Vorstellung einer Entfaltung der individuellen Kräfte und deren gegenseitigem Wettbewerb ausgeht, was es nicht nur zwischen den Einzelmenschen, sondern auch zwischen den Völkern gibt, dort stützt sich das Arbeitertum auf die durch den gegenseitigen Zusammenschluß entwickelten Kräfte. Man glaubt nicht, wie das Bürgertum durch das Gegeneinander, sondern durch ein Miteinander die besten Kräfte entfalten und so die großen Aufgaben des wirtschaftlichen und politischen Lebens bezwingen zu können.

Diese neue Interpretation des Selbstbestimmungsgrundsatzes bringt nicht nur neue Möglichkeiten politischer und wirtschaftlicher Gestaltung mit sich, sondern birgt auch eine ähnliche Gefahr in sich, wie sie dem Bürgertum in der Vergangenheit erwuchs. Der Gemeinschaftsgedanke des Arbeitertums darf nicht nur zur Gemeinschaft innerhalb einer einzelnen sozialen Gruppe, eben der Arbeiterschaft führen, sondern muß, wenn er nicht von vornherein den Keim der Auflösung in sich tragen soll, das Volksganze einen. Er darf nicht gruppenegoistisch mißbraucht werden, sondern muß, wie früher einmal das bürgerliche nationale Wollen es getan hat, als gemeinsames Anliegen aller sozialen Schichten verstanden werden.

Das Schicksal der Volkswirtschaft vollzieht sich seit ihren Anfängen zwischen den beiden Polen der Erfüllung oder Verfehlung ihres immanenten Sinngehaltes, nämlich der Schaffung einer in sich gefestigten Einheit im Wirtschaftsleben eines Volkes. Die Einheit der Volkswirtschaft macht ihren Wesenkern aus, das worauf sie stets abzielen muß, was ihr aber ebenso dauernd gefährdet bleibt. Wenn sie diese Einheit verwirklicht, kann sie zu einem das ganze Volksleben innerlich festigenden Band und einem seiner Ordnung dienenden Faktor werden[6]). Je mehr sie das tut, um so mehr wird sie echte, ihr Wesen erfüllende Volkswirtschaft; je mehr sie daran vorbeigeht, um so mehr fällt sie von ihrem Wesen ab, wird sie zur Schein-Volkswirtschaft, die nur nach außen hin, dem Namen nach, eine Einheit darstellt. Die echte Volks-

---

[6]) Auf diesen Gesichtspunkt mit Nachdruck hingewiesen zu haben, ist das große Verdienst der „Grundlagen der Außenwirtschaftstheorie“ von Theodor Pütz. (Jena 1944, Bd. 71 der Probleme der Weltwirtschaft, S. 12 ff., 32 ff., 88 ff.) In seinen Ausführungen kommt eine besondere Seite der Volkswirtschaft stark zur Geltung, die in meinem obigen Gedankengang fehlt, der ich aber ihre Bedeutung nicht absprechen möchte. Das ist die Tatsache, daß jede Volkswirtschaft in ihrer inneren Ordnung auf die besondere Eigenart ihres Volkes abgestellt sein muß, daß es daher kein allgemein verwendbares und auf jedes Volk übertragbares Ordnungsschema der Volkswirtschaft gibt. So bedeutsam dieser auf Knies zurückgehende Gesichtspunkt auch ist, so halte ich ihn doch gegenüber den im Text unterstrichenen Merkmalen der Volkswirtschaft, nämlich ihrer Geschichtlichkeit und ihrer dynamischen Grundstruktur, für sekundär. Deshalb glaubte ich, ihn zu ihren Gunsten in diesem Zusammenhang vernachlässigen zu können.

wirtschaft, die ihrem Wesen getreu ist, verkörpert sich inhaltlich, material als Einheitsbezug in allem wirtschaftlichen Handeln eines Volkes, während die verfälschte und von ihrem Wesen abgefallene Volkswirtschaft nur äußerlich und formal eine Einheit darstellt.

Ob und inwieweit es gelingen wird, die zu einer nur formalen Einheit herabgesunkene Schein-Volkswirtschaft des ausgehenden bürgerlichen Zeitalters zu einer echten Volkswirtschaft des arbeiterlichen Zeitalters zu erheben, das wird maßgeblich von der inneren und der äußeren Haltung abhängen, mit welcher der Arbeiter seine Führungsrolle in dieser Epoche spielen wird. Die geschichtliche Stunde ruft ihn zur Gestaltung seiner Welt auf. Jetzt muß es sich zeigen, ob er sich ihrem Aufruf gewachsen zeigen wird. Auf wirtschaftlichem Gebiete wird darüber wesentlich durch den von ihm entfalteten Wirtschaftsstil befunden werden. Deshalb mündet die Betrachtung der geschichtlichen Dialektik hier in die Fragen nach dem Wirtschaftsstil der Gegenwart ein.

III. Der Wandel des Wirtschaftsstiles

1. Das Ende des bürgerlichen Wirtschaftsstiles.

Der Wandel der historischen Wirtschaftsgestalt als Ausfluß der historischen Dialektik wurde im bisherigen betrachtet. Er zieht noch anderes nach sich: Er bedeutet nicht nur den Uebergang von dem freien Marktautomatismus zur Planwirtschaft, von der kapitalistischen zur sozialistischen Wirtschaft, von der bürgerlichen Nationalwirtschaft zur arbeiterlichen Gemeinwirtschaft. Er bedeutet auch den Schritt aus dem ökonomischen Zeitalter in das technische Zeitalter. Damit tritt hier ein für die inhaltliche Bestimmung der heraufkommenden Wirtschafts- und Sozialstruktur höchst bedeutsamer Gesichtspunkt hervor. Die Rede vom technischen Zeitalter zielt auf den zentralen Punkt, von dem her sich der geschichtliche Sinn und die innere Kraft der neuen Wirtschaftsgestalt erschließt. Sie deutet auf die geistigen Hintergründe, welche das soziale Geschehen unserer Tage untermalen.

So wird der Gedankengang hier von dem ersten großen Gesichtspunkt unserer Ueberlegungen, von der Dialektik des äußeren Geschehens, auf den zweiten großen Gesichtspunkt hingeführt, der den geschichtlichen Standort unserer wirtschaftlichen Gegenwart zu bestimmen vermag, auf den Wandel des Wirtschaftsstiles. In ihm werden die Gesinnung, das Ethos und die Haltung faßbar, mit denen der Mensch im Wirtschaftsleben steht. Hier entscheidet sich, was er aus dem zu machen weiß, das als geschichtliche Notwendigkeit schicksalhaft auf ihn zukommt.

Wenden wir uns nun der Frage nach den Merkmalen des Wirtschaftsstiles der Gegenwart zu, so ist zunächst festzustellen, daß der Stil der bürgerlichen Welt der Vergangenheit angehört. Mit dem Zusammenbruch des Bürgertums in seiner sozialen Existenz sind auch seine geistigen Werte ausgehöhlt worden. Sein Wirtschaftsstil ist seit Sombarts Darstellung des Kapitalismus oft durch das Erwerbsstreben gegenüber dem Bedarfsdeckungsprinzip des Mittelalters gekennzeichnet worden. Zugleich ist diese Bedeutung des Erwerbsstrebens oft bestritten worden.[7]) Auch im Mittelalter, so betonte man, gab es schon ein Erwerbsstreben, das sich grundsätzlich nicht von seinen modernen Formen unterscheidet. In der Tat sind Erwerbsstreben und Bedarfsdeckungsstreben im Grunde nicht Merkmale bestimmter Zeitepochen, sondern zu allen Zeiten vorhanden. Wie Aristoteles die Oikonomia und die Chrematistik unterschied, so verhalten sich beide zueinander wie der Typus einer ordentlichen Wirtschaft, die vom Geist echten Haushaltens getragen wird und auf den Unterhalt abzielt, gegenüber dem Typus ihres Verfalls, die das Mittel der Unterhaltsfürsorge zum Selbstzweck macht.

Der Wirtschaftsgeist der vergangenen Epoche hat zwar nach dieser Richtung hin eine besondere Neigung. Dennoch genügt dies Merkmal nicht, um ihn in seiner geschichtlichen Besonderheit zu kennzeichnen. Diese erfaßt man erst, wenn man ihn durch sein Fortschrittsstreben charakterisiert. Dies äußert sich in seiner eigentümlichen Unersättlichkeit, die sich nie mit dem Erreichten genügen läßt. Ein rastloses Unendlichkeitsstreben treibt den wirtschaften-

---

[7]) Vgl. besonders G. v. Below, Probleme der Wirtschaftsgeschichte, Tübingen 1920, S. 447, passim.

den Menschen an, es zielt auf Fortschritt in der Bereicherung, in der Bedürfnisbefriedigung, in der Daseinssicherung, in der Rationalisierung aller wirtschaftlichen und der ihnen zugrunde liegenden technischen Vorgänge. Dahinter aber stehen die typisch bürgerlichen Glaubensaxiome, der Glaube an die Kraft der privaten Initiative, an den Sinn des Reichtumsstrebens als Mittel zur Lebenssicherung, an die Kraft der Konkurrenz, an die Deckung von Einzel- und Gesamtinteresse, an die Segnungen der Zivilisation. Das alles schlägt sich in dem Glauben an die wohltätigen Wirkungen des wirtschaftlichen und sozialen Fortschritts nieder.

Aber diese Hoffnungen sind in den letzten Jahrzehnten bitter enttäuscht worden. Diese Wertungen sind als Vorurteile eines ökonomischen Zeitalters entlarvt worden.[8]) Es hat sich ergeben, daß diesem Unendlichkeitsstreben ein echtes Ziel überhaupt fehlte. Fortschritt, wozu? Erwerbsstreben, Gütervermehrung, steigende Bedürfnisbefriedigung, wozu? Dies besonders, wenn all dies Streben doch zu keiner inneren Befriedigung führt und immer neue Bedürfnisse entstehen läßt! Es zeigt sich, daß bei allem diesem Streben endliche Zwecke über dem Fehlen echter Zwecke zu Selbstzwecken gemacht wurden. Diese Strebungen laufen auf eine Vergötzung der Wirtschaft hinaus, die nicht nur die Stellung der Wirtschaft im menschlichen Dasein, sondern auch die Rangordnung der wirtschaftlichen Tatbestände selbst verfälschte. Der wirtschaftende Mensch sucht hier seinem Tun einen das ganze Dasein ausfüllenden Sinn zu geben, den es seinem bloßen Mittelcharakter nach niemals haben kann. Zugleich wurde dem Erwerbe eine alles Wirtschaften bestimmende Rolle beigemessen, welche dessen ursprünglichen Sinn, der auf Bedarfsdeckung abzielt, vergessen ließ.

Je mehr man sich dieser Zusammenhänge bewußt wurde, um so mehr ist zusammen mit den bürgerlichen Idealen der Geist des Fortschrittsglaubens erschüttert worden. Wir glauben nicht mehr an den Fortschritt, weder auf wirtschaftlichem Felde noch sonst an den fortschreitenden Aufstieg der Vernunft, der Sittlichkeit! Wie eine Ironie mutet es uns an, wenn wir noch bei Schmoller von diesem

[8]) Vgl. dazu Sombarts Buch „Deutscher Sozialismus", Berlin 1934.

Glauben an die steigende Versittlichung des Menschen, an die allmählich erfolgende Herausbildung eines allgemein menschlichen Ethos lesen.[9]) Zu sehr weichen unsere Lebenserfahrungen von einem Weltbilde ab, das solches für möglich halten konnte. Unsere Erfahrungen lassen uns das Dasein von einer ganz anderen Seite her sehen. Das schlägt sich in dem Wandel des Wirtschaftsstiles nieder.

2. Die geistige Situation der Gegenwart.

Dieser Wandel ist das geistige Spiegelbild der sozialen Umwälzungen unserer Zeit. So wie der Wirtschaftsstil der Vergangenheit ein bürgerlicher war, so ist der heute hervorwachsende durch den sozialen Typus des Arbeiters, durch seine besonderen Erfahrungen und Erlebnisse, durch seine besondere Stellung im Dasein und sein eigentümliches Weltbild gekennzeichnet. Der Wirtschaftsstil der Zukunft wird ein arbeiterlicher sein. Wenn er uns heute auch erst in knospenhafter Frische und darum noch unentfaltet entgegentritt, so sind doch die geistigen Merkmale der Zeit so deutlich greifbar, daß man schon sehr Wesentliches über ihn aussagen kann.

Zwar darf man über solchen Gedankengängen den Begriff des Arbeiters und seines Weltbildes nicht zu eng, etwa im Sinne des ungelernten Arbeiters auffassen. Dann würde man, so Wichtiges man auch schon an seiner Geisteshaltung beobachten kann, doch zu den für das Werden des neuen Wirtschaftsstiles entscheidenden Tatbeständen nicht vordringen können. Diese kann man nur erfassen, wenn man sich an die feinsten Regungen im geistigen Bewußtsein einer Zeit hält, die nur in ihren hellhörigsten Geistern greifbar werden. Die geistige Situation der Zeit gilt es herauszuarbeiten, wenn man das Schicksal des Wirtschaftsstiles verstehen will. Sie wird aber in den breiten Schichten des „gemeinen Volkes", gerade jenen, an die man bei der Rede vom Arbeitertum zuerst denkt, nur sehr allmählich bemerkbar. Hier macht sich die im sozialen Leben oft festgestellte Phasenverschiebung geltend, durch die geistige Sachverhalte, Elemente des Lebensstiles erst mit zeitlicher Verzögerung aus den

---

[9]) G. v. Schmoller, Art. Volkswirtschaft und Volkswirtschaftslehre, H. d. St. W.[3], Bd. VIII., S. 494.

führenden Kreisen in die breiten Schichten vordringen, in ihnen zum objektiven Geist werden.

An jene führenden Kreise gilt es sich daher zu halten, wenn man nach dem Geist der Zeit und seiner Bedeutung für die Stellung des Menschen zu seiner Wirtschaft fragt. Dabei ist dann zu bedenken, daß der Arbeiter als sozialer Typus nicht mit der Berufsbezeichnung des gelernten oder ungelernten Arbeiters gleichzusetzen ist. Sein Begriff reicht weit darüber hinaus und umfaßt alle diejenigen Menschen, deren Daseinslage durch die Merkmale der Arbeiterwelt, deren geistiger Habitus durch das Weltbild des Arbeitertums gekennzeichnet ist. Das erste Merkmal ist konstitutiv und läßt uns den Typus des Arbeiters nicht nur im Handarbeiter, sondern ebenso im Angestellten erkennen. Das zweite Merkmal ist abgeleitet und deckt sich mit dem ersten nicht immer, es verschafft dem Arbeitertum Zuzug aus anderen sozialen Lagern. Entscheidend ist in diesem Zusammenhang, daß uns der Arbeiter und seine geistige Welt nicht nur im Arbeiter des Arbeitsbuches, sondern ebenso und vielleicht noch reiner im Rundfunkreporter, im Flugzeugführer, aber auch in manchem Selbständigen unserer technisierten Welt, im Erfinder und Konstrukteur, im Patentanwalt, Steuerberater und vielen anderen entgegentritt. Die Arbeiterwelt birgt in sich eine volle soziale Hierarchie vom Handlanger bis zum Generaldirektor, von der Stenotypistin bis zum Filmstar. Sie hat ihre geistige Führerschicht, die unabhängig von bestimmten äußeren Berufen ist.

Nur von hier aus kann man die Frage nach der geistigen Zeitsituation und der Bedeutung des Wirtschaftlichen in ihr stellen. Da ist zunächst auf ein Merkmal hinzuweisen, das zugleich den tiefgreifenden Wandel deutlich macht, der im Vergleich zur Zeit vor 1914 eingetreten ist. Das äußert sich in dem D u r c h b r u c h d e s E l e m e n t a r e n im Bewußtsein unserer Zeit. Wir Heutigen haben ein neues Verhältnis zu den Untergründen des Daseins gewonnen. Die elementaren Gewalten der äußeren Welt, der Natur, nämlich Feuer, Wasser, Luft und Erde sind uns wieder in ihrer Urkraft Erlebnisse geworden, ebenso wie diejenigen der menschlichen Welt, die Urtriebe, Hunger und Liebe, Macht- und Blutrausch. Wir wissen um diese Wirklichkeiten, wie furchtbar sie über das menschliche Dasein herfallen können. Das bürgerliche Weltbild hatte die menschliche Seinslage verharmlost. Es war von einem Kulturoptimismus gefärbt. Das Dasein schien in vernünftige Ordnungen eingebettet und in ihnen gesichert zu sein. Die Stürme unserer Zeit haben die Fragwürdigkeit dieser Ordnungen wie einer solchen Weltauffassung offenbart. Beide wiegen den Menschen in einer falschen Sicherheit.

Grundsätzlich ist das menschliche Leben zu allen Zeiten von tausend Gefahren umgeben. Nicht anders ist *es* in dies Dasein gestellt als das Insekt, das wir friedlich sich auf der Landstraße bewegen sehen, während jeden Augenblick ein vorüberfahrender Kraftwagen, ein achtloser Fußgänger sein Lebenslicht auslöschen kann. Gegen diese Gefährdung ist kein Kräutlein gewachsen. Wir haben es mit aller Brutalität erfahren: Jeden Damm, den der Mensch sich gegen diese Gefahren errichtet, droht sie eines Tages mit der erhöhten Gewalt aufgestauten Wassers über ihn herfallen zu lassen. So bleibt er den elementaren Daseinsgewalten immer ausgeliefert, den Urgewalten der Natur, den wilden Urtrieben seiner animalischen Grundstruktur. Gewiß heißt das nicht, daß er sie nicht zu bändigen versuchen könne. Er muß sich nur der Grenzen eines solchen Unterfangens stets bewußt bleiben. Das bürgerliche Sicherheitsstreben wird so durch das Wissen um die grundsätzlich unaufhebbare *ständige Bedrohtheit menschlicher Existenz* abgelöst. Nur am Rande des Abgrundes, besser noch: nur auf einem schmalen Grade zwischen zwei Abgründen nämlich, den in der äußeren Welt sich auftuenden Gefahren und denjenigen des inneren Menschen, ist unser Dasein möglich. Jedes andere Weltbild bedeutet ein Versteckspielen mit sich selbst.

Mit dieser Beziehung zu den elementaren Urgewalten hängt es auch zusammen, daß gewisse seelische Grundbefindlichkeiten für den heutigen Menschen eine besondere Bedeutung gewonnen haben. Die Angst, die Verzweiflung, das Grauen haben in unseren Tagen die Menschen ergriffen wie seit Jahrhunderten nicht mehr, sie werden darüber hinaus aber auch als Erlebnisweisen verstanden, in denen sich wesentliche Züge dieser Welt erschließen.[10]) Sie weisen auf

[10]) Bekanntlich hat Kierkegaard schon vor 100 Jahren auf die Bedeutung von Angst und Verzweiflung für den modernen Menschen hingewiesen. Bei Hei-

Grundtatbestände des Seins hin, die nicht durch eine Vogel-Strauß-Politik wegzuargumentieren sind. In ihnen bricht über die Einsicht in die Ungesichertheit menschlicher Existenz hinaus das Bewußtsein für die innere Zwiespältigkeit der Welt, für ihre positive und negative Wertseite auf. Damit kündigt sich in ihnen ein für die geistige Situation sehr bezeichnender Zug an, der zu einem neuen Gesichtspunkt hinführt.

Das äußert sich nämlich deutlich in dem religiösen Bewußtsein unserer Tage. In dieser Hinsicht stößt man immer wieder auf ein lange nicht gekanntes ernstes Ringen. Die Wissenschaft hatte als Ausdruck des modernen rationalen Geistes in stärkstem Maße zu einer Aushöhlung des religiösen Bewußtseins geführt. Die Entzauberung der Welt schien ein unausweichliches Schicksal des modernen Menschen zu sein. Die Folge war eine erstaunlich weitgehende Blindheit für religiöse Werte und Tatbestände, die immer weiter um sich griff. Mit Begriffen wie der Sünde, der Gnade und der Erlösung vermochte ein erheblicher Teil der Zeitgenossen — der heute natürlich keineswegs ganz verschwunden ist — keine sinnvolle Vorstellung zu verbinden.

Jetzt sieht diese gleiche Wissenschaft, welche das Wachstum einer solchen areligiösen Bewußtseinshaltung förderte, sich immer mehr den Grenzen ihrer Ratio gegenüber. Das aufgeklärte Bewußtsein findet sich vor Tatbestände als Untergrund der menschlichen Existenz gestellt, die religiösen Charakter haben. So stößt man auf die Geschöpflichkeit des Menschen, auf seine Ungeborgenheit als die Unfähigkeit sich selbst ein gesichertes Dasein zu schaffen, auf seine Zweideutigkeit als ein dauerndes Schwanken im Hören auf die innere Stimme des Gewissens und im Nachgeben an die in ihm schlummernden Triebe. Es ist das Erstaunliche unserer Tage, daß hier im aufgeklärten Bewußtsein religiöse Grundkategorien wieder

---

degger ist dem in seiner Philosophie Rechnung getragen worden. Wesentliches zum Verständnis aller drei Kategorien, der Angst, der Verzweiflung und des Grauens findet sich bei Ernst Jünger in seinem „Abenteuerlichen Herz", besonders in manchen Traumgesichten, die sich dem Leser erst langsam erschließen.

Aber nicht solcher geistiger Vermittlungen bedarf es heute, um die Phänomene zu interpretieren. Der letzte Krieg hat, vor allem mit seinen Bombennächten, das Wissen um sie zu einer tief eingeprägten Erfahrung gemacht.

aufbrechen. Das, wofür der moderne Mensch gestern noch blind war, findet er plötzlich in seinem eigenen Erleben wieder, zwar nicht im dogmatischen Gewand überkommener Kirchlichkeit, sondern, was viel wesentlicher ist, als Urtatbestand des Daseins. Hier erkennt man die Bedeutung, die der aus Angst, Verzweiflung und dem Grauen erwachsenen Einsicht um die Zwiespältigkeit der Welt zukommt. Man weiß plötzlich wieder um die Wirklichkeit des Dämonischen und des Heiligen, von Sünde und Erlösung, von Vergänglichkeit und Ewigkeit. Das, was man gestern noch als pastorale Ideologien hingenommen hatte, erfährt man heute als echte Realität.

Dieser erstaunliche Wandel darf als das Wesentlichste, was sich in unseren Tagen vollzieht, angesprochen werden. Es ist darin anderes angelegt. Es ist das ein Anzeichen dafür, daß sich eine ganz neue Daseinshaltung durchsetzt. Nicht um eine „Weltanschauung" handelt es sich hier allein, sondern um mehr, das von innen her die Stellung des Menschen im Sein, seine „Haltung"[11]) verändert. Diese neu auftretende Daseinshaltung ist diejenige einer Desillusionierung, einer „Vergegenständlichung" der Welt, bei welcher der Mensch aus seinen tausendfachen und alltäglichen Bindungen in ihr herauszutreten und sie gleichsam sub specie aeternitatis zu betrachten sich bemüht. Das ist die Haltung einer kühlen Sachlichkeit angesichts der Tatsachen, die er dabei über seine Daseinslage feststellt.[12])

Aus dieser Grundhaltung ergibt sich ein neues Verhältnis zum Leben und zum Tode. Typisch dafür ist die Existenzphilosophie. Im Vordergrunde steht das Bewußtsein der menschlichen Endlichkeit, seiner Unzulänglichkeit. Ueberall stößt der Mensch auf Schranken

---

[11]) Vgl. dazu Hans Lipps, Die menschliche Natur, Frankfurt/Main 1941, S. 18 ff.

[12]) Es gibt mancherlei typische Anzeichen für diese geistige Situation. Das eine ist gut im modernen Drama zu beobachten, so wenn in Thornton Wilder's „Unsere kleine Stadt" ebenso wie in Ardrey's „Leuchtfeuer" die Toten auf der Bühne erscheinen, um aus ihrer Perspektive unsere Welt zu glossieren. Das andere wird dort erkennbar, wo der Mensch als geistige Persönlichkeit sich seinen eignen Leib vergegenständlicht. Dafür höchst bezeichnend sind einige Sätze von Antoine de Saint Expupéry (aus seinem Buch „Pilote de guerre", hier zitiert nach der „Neuen Auslese" Heft 1, S. 90/91). Er schreibt: „Man hat sich so viel mit seinem

seines Vermögens. Kampf, Schuld, Leid werden als unausweichliche Tatbestände erlebt. Zudem hat er ein starkes Bewußtsein von seiner Vergänglichkeit, die in einem krassen Mißverhältnis zu seinem Alltagsleben steht. Der Mensch lebt in den Tag hinein, als ob er Jahrtausende vor sich hätte, heißt es einmal bei Thornton Wilder. So wird der Tod als äußerste Grenze des Daseins erlebt, die stets in das Dasein hineinreicht. Es ist klar, wie stark die ständige Lebensdrohung des Kriegserlebnisses darin nachwirkt. Das Bewußtsein der Todesnähe hält im Menschen eine Unruhe wach, die ihn jedoch auf Grund ihrer Unausweichlichkeit nicht zur Resignation, sondern zur inneren Entschlossenheit führt. Sie wird ihm Ansporn, sein Schicksal fest in die Hand zu nehmen.

Diese entschlossene Lebenshaltung macht es dem Gegenwartsmenschen aber unmöglich, den Sinn seines Daseins in ein endliches, zeitliches Ziel zu verlegen. Die Endlichkeit der Zielsetzung war ein wesentliches Merkmal der heute versinkenden Epoche. Sie galt selbst dort, wo man von der Unendlichkeit sprach, meinte man damit doch eine Unendlichkeit in dieser Zeit. In dieser Endlichkeit bleibt der Mensch immer vom Tode bedroht, bleiben es selbst Völker und Rassen. Sucht der Mensch aber seinem Dasein einen Sinn abzugewinnen, so muß er einer Erfüllung zustreben, die nicht vom Tode bedroht ist. Das ist aber nur so möglich, daß er diesen Sinn im Jetzt und Hier in jedem Augenblick sucht und lebt. Das bedeutet den Durchstoß zum Transzendenten, zur Eigentlichkeit des Existierens, die sich über das bloße Dahinvegetieren im Zustande der Verfallenheit an das Alltagsleben erhebt. Dann stellt der unbedingte Einsatz des Daseins im Rahmen einer beliebigen

---

Körper abgegeben. Ich hatte ihn gekleidet, gebadet, ernährt, seinen Durst gestillt, ihn gepflegt. Man hat sich mit diesem Haustier identifiziert. Man hat es zum Schneider, zum Arzt, zum Friseur geführt. Man hat mit ihm gelitten, mit ihm in Schmerzen geweint, mit ihm geliebt. Man sagte von ihm: „Das bin ich". Und jetzt plötzlich verschwindet die Täuschung. Man macht sich über seinen Körper lustig. Man setzt ihn zu einer Art Bedienten herab. Sobald mein Aerger heiß in mir emporwallt, mein Haß sich in mir sammelt, meine Liebe sich leidenschaftlich erhebt, ist nichts mehr von der vielgerühmten Solidarität zwischen mir und meinem Körper zu merken .... Du lebst in Deiner Tat. Deine Tat, das bist Du, und es gibt kein anderes Du. Dein Körper gehört dir, aber er ist nicht Du."

Situation einen letzten und absoluten Wert dar. Das bedeutet menschliche Bewährung vor dem Transzendenten.

Leid und Schmerz haben angesichts eines solchen Daseinsverständnisses eine neue Bewertung erfahren. Sie verkörpern positive Werte. Nicht ihnen — vergeblich — entrinnen zu wollen, sondern sie zu bestehen ist die Aufgabe. Der Leib ist ein Gegenstand, den man einsetzen kann, um das Dasein zu bestehen. Leid und Schmerz sind Brücken, die den inneren Aufschwung zur Eigentlichkeit der Existenz ermöglichen.

3. *Das technische Zeitalter*

Die so umschriebene geistige Situation wird nun für einen Zusammenhang von entscheidender Bedeutung, der uns einen Schritt weiter zum Verständnis des sich vollziehenden Wandels im Wirtschaftsstil hinführt. Dieser Wandel wurde oben als der Uebergang vom ökonomischen zum technischen Zeitalter gekennzeichnet. Was es damit auf sich hat, gilt es jetzt zu umschreiben.

Die Eigenart des ökonomischen Zeitalters braucht hier nicht noch einmal dargestellt zu werden. Es ist das der Inbegriff alles dessen, was als das Zeitalter der hochkapitalistischen Wirtschaft, der bürgerlichen Nationalwirtschaft umschrieben wurde. Das ökonomische Zeitalter bedeutet den geistigen Reflex dieser Epoche, der sie als durch die Vorherrschaft ökonomischer Werte gekennzeichnet zeigt. Nach ihrem Wirtschaftsstil ist sie die Periode der Wirtschaftsvergötzung, der wirtschaftlichen und sozialen Fortschrittsgläubigkeit. Um die beherrschenden geistigen Werte der Zeit geht es daher, wenn hier vom ökonomischen oder technischen Zeitalter gesprochen wird.

Es ist auffallend, daß gerade das ökonomische Zeitalter sich oft als die Epoche der modernen, rationalen Technik begriffen hat. Daß diese für sie eine besondere Bedeutung besessen hat, liegt auf der Hand. Nicht nur für die moderne Technik gilt das, auch für eine andere Erscheinung, als deren Geschöpf die moderne Technik angesprochen werden muß. Das ist die wirtschaftliche Rationalisierung. Trotzdem erweist es sich heute als ein großes Mißverständnis, wenn man das bürgerliche Zeitalter als dasjenige der

Rationalisierung und Technisierung betrachtete. Aus der Rückschau ergibt sich, daß die Vergangenheit nur das Jugendalter beider Erscheinungen bedeutete, die Zeit ihres Sturmes und Dranges, zugleich die Zeit ihres Mißbrauchs und ihrer Auswüchse. Die Epoche, welcher sie lebensformende Kraft spenden, will eben erst anbrechen, je mehr beide zur Reife heranwachsen.

Hier ergibt sich das Problem der Stellung des Menschen, besonders des wirtschaftenden Menschen, zur Rationalisierung und Technik. Es ist eine Tatsache, daß sie im bürgerlichen Zeitalter trotz aller entgegengesetzten Bemühungen nur auflösend wirkten. Ihr Rationalisierungsstreben führte zu jener ungezügelten technischen Entwicklung, welche die Grundlagen der Wirtschafts- und Sozialstruktur zersetzte, Konjunkturen und Krisen heraufbeschwor und durch die soziale Bewegung einen Brand entfachte, dessen man nicht wieder Herr werden konnte. Wider den Willen ihrer Förderer wurde durch die Rationalisierung über das Mittel der modernen Technik die tödliche Dialektik der bürgerlichen Welt vorwärtsgetrieben.

Diese auflösenden Wirkungen beider Erscheinungen stehen in krassem Widerspruch zu ihrer Bewertung im bürgerlichen Denken. Es ist eine Ironie der Geschichte, daß gerade die beiden Faktoren, auf die man die größten Hoffnungen setzte, die man als Himmelsleiter des Fortschritts zu gebrauchen dachte, schließlich dem ganzen Wirtschafts- und Sozialsystem, das sie für sich einzusetzen bestrebt war, das Grab bereiteten. Man hat mit ihnen einen Kultus getrieben. Man glaubte, durch sie die Ordnungsform der menschlichen Vernunft immer mehr über die Welt ausbreiten zu können. Man hoffte, die menschliche Existenz mit ihrer Hilfe immer mehr zu bereichern, von den Lasten des Daseins befreien zu können. Der Ruf nach Rationalisierung bedeutete Fortschrittsbestreben. Das Wesen der modernen Technik sollte technischer Fortschritt, steigende Herrschaft des Menschen über die Natur, bedeuten, dieser aber das Mittel des wirtschaftlichen Fortschritts darstellen.

Diese Art des Rationalisierungsglaubens und des Technikenthusiasmus ist in den Stürmen des 20. Jahrhunderts völlig enttäuscht worden. In diesem Mißerfolg wurde der Hochmut der menschlichen Ratio zu kläglichem Fall gebracht. Man hatte sich aller Vergangenheit himmelhoch überlegen gefühlt, als man das Wirtschaftshandeln steigend mit rationalem Geiste zu durchdringen suchte. Jetzt stellte sich heraus, daß man solche Rationalisierung überschätzt, als Selbstzweck gesetzt hatte, daß dieser Rationalismus nur Ausdruck eines Irrationalismus, nämlich eines Vernunft- und Fortschrittsaberglaubens war. Er führte auf wirtschaftlichem Gebiete zur Herrschaft eines bloßen Nützlichkeitsstandpunktes, eines platten Utilitätsdenkens, was den Tod echter Geistigkeit bedeutet. Demgegenüber ist der neue Wirtschaftsstil durch eine scharfe Distanzierung von diesem Rationalisierungsdusel gekennzeichnet.

Auch unsere Zeit steht noch im Zeichen der Rationalisierung, diese hat aber einen tiefen Bedeutungswandel durchgemacht. Sie ist ihres Absolutheitsanspruches und ihres Fortschrittsgewandes entkleidet worden. Rationalisierung bedeutet uns nichts als Zweckmäßigkeit, sie selbst trägt keinen Wert in sich, sondern ist ein Mittel zum Zweck, wobei dieser durch einen Wert gerechtfertigt, also ein wertvoller sein muß. Sie ist uns ein Instrument zur zweckmäßigen Gestaltung unserer Umwelt, die selbst im Dienste einer höheren Vernunft steht, die Werte für das menschliche Dasein setzt. Mit zwei Begriffen Max Webers kann man den Zusammenhang auch so ausdrücken: Zweckrationalität ist sinnvoll nur im Dienste der Wertrationalität. Wirtschaftliche Rationalisierung aber bedeutet Zweckrationalität. Sie ist sinnvoll daher nur, sofern sie als Mittel für echte menschliche Werte eingesetzt wird, die letztlich auf ewige Daseinswerte gegründet sein müssen.

Ganz ähnlich wie mit der Rationalisierung steht es mit der Technisierung auf wirtschaftlichem Gebiet. Wie diese ist der Ausbau der rationalen Technik uns mit der Vergangenheit gemeinsam, und doch bedeutet auch sie uns etwas ganz anderes als dieser.

Der Arbeiter hat eine ganz andere Grundhaltung zur Technik als der Bürger. Nicht enthusiastisch sie bewundernd, sondern sie als unausweichliches Lebenselement hinnehmend, steht er ihr gegenüber. Er und damit der objektive Geist unserer Zeit nimmt zu ihr eine eigenartig zwiespältige Stellung ein. Auf der einen Seite mehren sich die Stimmen, die von einer Perfektion der Technik sprechen, sie in ein Reifestadium eintreten sehen, die ihrer fortlaufenden Umgestaltung ein Ende setzen wird. Daran erkennt man, wie sehr alle Fortschrittshoffnungen verflogen sind. Auf der anderen Seite begreift der Gegenwartsmensch mit Schrecken die in ihr verborgenen Gefahren. Er sieht sich den von ihr ausgelösten D ä m o - n i e n gegenüber, die im Zeitalter der maschinellen Kriegstechnik, der Atomenergie und der chemischen Lebensvernichtung satanische Triebe im Menschen geweckt und entfesselt haben. Sie drohen unsere Welt im Handumdrehen in eine Stätte der Vernichtung zu verwandeln. Man wird sich aber auch der nichtexplosiven, der leise und schleichend wirkenden Zersetzungskräfte der Technik bewußt, jener zivilisatorischen E n t a r t u n g e n nämlich, die sich in der Ausbreitung von industriellem Schund, der stillosen und schnell vergänglichen Massenware ebenso äußert wie in dem schwindenden Gefühl für innere Warengüte. Eine traurige, düstere Welt der Freudlosigkeit, der ewigen Geschäftigkeit und inneren Leere wächst aus diesen Entartungen der Technik hervor.

Von diesen Tatsachen her erklärt sich die eigentümliche Zurückhaltung des Gegenwartsmenschen gegenüber der Technik, die deutlich trotz aller Bejahung spürbar ist. Der Optimismus der Frühzeit ist dem nüchternen Gefühl gewichen, daß sie für uns eine Gegebenheit des Schicksals darstellt. Wir haben nicht die Wahl, ob wir in einer technischen Welt leben wollen oder nicht. Wir müssen nur versuchen, „to make the best of it".

Aus dieser Haltung ergibt sich ein n e u e s V e r h ä l t n i s des Wirtschaftsdenkens unserer Zeit z u r r a t i o n a l e n T e c h n i k. Man sieht in ihr nicht mehr den Triumph des Herrschaftswillens über die Natur, der den Schlüssel zu einer endlosen Ausweitung der Bedürfnisbefriedigung bieten sollte. Man ist bescheidener geworden. Man hat dies Streben als trügerisches Phantom erkannt. Statt dessen gewinnt man der Technik neben der umschriebenen negativen Kehrseite zwei positive Seiten ab.

E i n m a l ist sie uns das Mittel, das uns neue Seiten dieser Welt erschließt. Mit ihrer Hilfe erleben wir diese auf eine bisher ungekannte, überraschende Weise. Das ist es, was bei aller Zurückhaltung immer wieder, besonders die Jugend, für sie einnimmt. Man denke an das Erlebnis der Raumüberwindung in der Eisenbahn, im

Kraftwagen, vor allem im Flugzeug hoch über den Wolken oder im Blick auf eine Bausteinkastenwelt. Oder man vergegenwärtige sich die Fixierung fremder Orte, vergangener Zeiten durch Photographie, Phonographie, Film, Radio, Buch und Presse sowie alles das, was sich über diese Instrumente dem modernen Menschen eröffnet. Oder man halte sich vor Augen, wie wir die elementaren Naturgewalten in ihrer sinnvollen Bändigung neu erleben vor großen maschinellen Anlagen, so etwa großen Elektromotoren, Turbinen, beim Hochofenabstich, beim Eisen- und Stahlguß, im Walzwerk. Oder uns erschließen sich die Geheimnisse des Mikrokosmos, der Bakterien und anderer Lebewesen im Mikroskop, der Aufbau der Kristalle, der Moleküle, andererseits aber auch der Makrokosmos im Teleskop oder auch nur im Planetarium.

In allen diesen Fällen stehen wir staunend, nicht vor der Technik, sondern vor dem, was sie uns zeigt. So werden durch sie die Wunder dieser Welt in neuer Weise geschaut. Die Natur stellt sich uns von Seiten her dar, die dem Menschen früher verschlossen waren. Es werden fortlaufend an ihr neue Entdeckungen gemacht. So ist es kein Hohn, sondern eine Tatsache, die noch vor wenigen Jahrzehnten ganz unmöglich erschienen wäre, daß nämlich der moderne Mensch wieder ein Organ für das Wunderbare, für das Wunder in seinem ursprünglichen Sinne, hat. Er braucht es nicht mehr als von außen in seine Welt hineinbrechend zu suchen, er findet es in dieser selbst überall vor.

Das ist aber nur die eine Seite des heutigen Technikverständnisses, diejenige, die für das Wirtschaftsdenken nicht unmittelbar bedeutsam ist, insofern als sie zeigt, daß man die Technik nicht mehr allein als Mittel des wirtschaftlichen Fortschritts wertet, sondern ihr ganz andere Seiten abzugewinnen vermag. Hier wichtiger ist die zweite Seite des modernen Technikverständnisses. Sie ist kennzeichnend für die dynamische Grundhaltung des Menschen unserer Tage. Man sieht in der rationalen Technik das Mittel einer aktiven und planenden Lenkung der Naturkräfte, das die in dieser Welt schlummernden Kräfte und Stoffe erschließt. Alle vorrationale, also traditionale Technik baute auf einer passiven Grundhaltung des Menschen zur Natur auf, insofern als er sich mit der Ausnutzung der von der Natur offen dargebotenen, darum „natürlichen" Lebensbedingungen begnügte. Der dynamische Mensch des abendländischen Rationalisierungsprozesses entwickelt demgegenüber eine aktive Grundhaltung zur Natur, indem er die in dieser schlummernden Stoffe und Kräfte auszulösen, für sich zu erwecken und einzusetzen sucht.

Das galt insoweit auch für den bürgerlichen Menschen der Vergangenheit. Während für ihn aber das Machtstreben der Naturbeherrschung leitend war, bahnt sich in der Sinngebung der Technisierung heute ein grundlegender Wandel an. Er äußert sich in der Aufgabe des alten Machtstrebens, das als Hochmut erkannt wurde und sich in den Auswüchsen der modernen Technik schwer rächte. Statt selbst die Welt zu beherrschen, droht dieser Mensch von seiner Technik beherrscht zu werden. Darum deuten alle Anzeichen darauf hin, daß der Mensch der Arbeiterwelt ihr einen ganz anderen Sinn beilegt. Dieser ergibt sich ihm aus seiner besonderen Daseinshaltung. Zu einer planenden Lenkung der Naturkräfte mit Mitteln rationaler Technik findet er sich kraft inneren Auftrages aufgerufen.

Das ist ein zunächst überraschender Gesichtspunkt, der aber zwangsläufig aus der Enttäuschung des ungezügelten Rationalisierungsstrebens folgt. Was zunächst, wenn man nämlich die Technik als Herrschaftsinstrument betrachtet, als widerspruchsvoll anmutet, erweist sich hier in einem tieferen Verstande als höchst sinnvoll, daß nämlich das Streben nach aktivem und planendem Ausbau der menschlichen Ordnungen unter Herauslösung und Entfaltung der von der Natur umschlossenen und in ihr verborgenen Lebensbedingungen letztlich nicht um äußerer Zwecke willen erfolgt, deren Nichtigkeit, wenn sie in sich selbst ruhen, erkannt ist. Kraft inneren Auftrages fühlt der Mensch sich aufgerufen, das bedeutet, daß er sich in dieser Welt nicht als bloße Randfigur oder Zufallsprodukt begreift, daß er sich vielmehr als unter einer Aufgabe stehend versteht. Diese Aufgabe kann aber schließlich nur der Dienst an der Schöpfung sein, in die er sich gestellt findet. Der Dienst an der Schöpfung aus dem Ethos des tätigen Menschen wird so zu seiner letzten Bewährungsprobe.

Für diesen Dienst gewinnt nun aber die erste Seite seines Technikverständnisses Bedeutung. Fragt man nach dem Inhalt seines Auftrages, so findet er sich auf die unter den Händen der Technik sich entfaltenden Naturwunder hingewiesen. Die Entfaltung der inneren Möglichkeiten dieser Welt betrachtet er als seine Aufgabe. Sie kann für die Welt nicht belanglos sein. Wird sie dadurch doch erst zu sich selbst, zur Darstellung ihrer inneren Anlagen gebracht. Das Sein, in das sich dieser moderne, tätige Mensch der Arbeiterwelt gestellt findet, ist für ihn nichts statisch in sich Ruhendes, es ist dynamisch, voll innerer Bewegung wie er selbst. Die Schöpfung ist für ihn gleichsam noch nicht abgeschlossen. Sie vollzieht sich fortlaufend weiter. In diesem Werdeprozeß ist dem Menschen die Mithilfe aufgetragen, die daher für die Schöpfung wesentlich ist. Die Schöpfung zur Entfaltung ihres eigenen Wesens zu bringen und im Dienst daran sich selbst zu finden und zu bewähren, das ist der letzte und einzige Sinn, den der Mensch seiner rationalen Technik zu geben vermag, wenn sie mehr als Ausdruck menschlicher Selbstherrlichkeit und daher seines Hochmutes sein soll.

Solchen Einsichten entspricht es, daß man heute wieder zu ahnen beginnt, wie der beste Teil technischer (ebenso wirtschaftlicher und sonstiger) Leistungen nicht Sache menschlicher Kunstfertigkeit, sondern der Begnadung ist, ein Geschenk, das demjenigen zuteil wird, der sich demütig in den Dienst der Schöpfung stellt. Nicht umsonst hat es unsere Gegenwart tausendfältig erlebt, wie der auf seine Handlungsmacht stolze und in ihrem Besitze triumphierende Mensch mit seinem Schaffen zu Schanden kam.

4. Die Wirtschaft als Feld existenzieller Bewährung und planender Daseinsbehauptung

Damit ist der für den Wandel des Wirtschaftsstiles entscheidende Punkt erreicht. Der wirtschaftende Mensch wird sich der Grenzen und Hintergründe seines Tuns bewußt. Nur weil der Mensch nicht als bloße Zutat, sondern mit innerem Auftrag im Dasein steht, hat auch seine Wirtschaft ein höheres Anliegen. Deshalb erfüllt sie ihre Aufgabe nur so lange, als der Mensch bei seinem Wirtschaften auch seiner letzten menschlichen Bestimmung gerecht wird. Im Dienst an der Schöpfung steht die Wirtschaft, indem sie zu einem Felde existenzieller Bewährung wird. Mit ihrer Arbeitslast, mit ihren Interessenkonflikten, mit ihrer unablässigen Sorge um das tägliche Brot von heute und morgen wird sie dem Menschen auch im technischen Zeitalter eine ständige Plage bleiben. Welch eine Vermessenheit lag in dem Glauben, man werde durch die Technik dem Satze „Im Schweiße deines Angesichts sollst du dein Brot essen" auch nur ein I-Tüpfelchen abstreichen können. Wenn man das weiß und keinen Illusionen nachhängen will, kann aber die anhaltende Plage des Alltags gerade zu einer Triebfeder des inneren Aufschwunges werden. Der zähe Kampf, den nicht nur der äußere, sondern auch der innere Mensch laufend um den Unterhalt zu führen hat, wird ihm zum Prüfstein darüber, ob er im Zustande der Verfallenheit an die Welt des Alltags dahinvegetiert oder den Durchstoß zur Eigentlichkeit der Existenz vollzieht. So wird der wirtschaftende Mensch hier zur inneren Bewährung aufgerufen. Er wird auf die befreiende Kraft hingewiesen, die in der freiwillig auf sich genommenen Arbeitslast liegt.

Das ist das typische Ethos der Arbeit, welches der Arbeiter in sich trägt. Es ist in den Nöten der Kriegs- und Krisenzeiten des 20. Jahrhunderts gehärtet worden. Es spricht nicht mehr von den Seelenschmerzen, die eine technisierte, spezialisierte und monotone Arbeit hervorruft. Es löst den Kampf um die Arbeitsfreude auf seine, zwar sehr unsentimentale, aber tapfere Weise. Dies Ethos bedarf auch nicht um der Arbeitsplage willen der Vertröstung auf die Genüsse, welche das Arbeitsentgelt mit sich bringt, auf Wohlstand und zivilisatorischen Komfort. Alles das ist in seiner Fragwürdigkeit durchschaut.

Statt dessen hat dies Arbeitsethos eine andere positive Seite. Den Mut des beherzten Zupackens, mit dem es den Lastcharakter der Arbeit überwindet, verdankt es einem anderen Merkmal der Arbeitswelt, dem Geist der Gemeinschaft, der sie beseelt. Der Arbeiter ist der Mensch, der unter der Vereinzelung des individualistischen, bürgerlichen Zeitalters besonders gelitten hat, dessen ganzes Sehnen daher auf Wiedergewinnung einer Gemeinschaft gerichtet ist.

So ist sein Arbeitsethos ein Gemeinschaftsethos. Von seiner Arbeit her, von der Gleichheit des Arbeitserlebnisses und des Arbeitsschicksales her, wird das Gefühl der Zusammengehörigkeit, der Geist der Genossenschaftlichkeit, in ihm lebendig. Selbst in der ungeformten Massenwelt wittert er die Möglichkeit der Gemeinschaft. Durch Organisation sucht er ihre Strukturlosigkeit zu überwinden.

So ist in diesem Gemeinschaftsethos der Arbeit das Wissen um elementare Wesensnotwendigkeiten der Wirtschaft, darum nämlich lebendig, daß alle Wirtschaft Gemeinschaft unter den Menschen voraussetzt, weil sie sonst unter den von ihr ausgelösten Interessengegensätzen zerspringt. Existenzielle Bewährung ist zwar letztlich nur im Herzen und vor dem Gewissen des einzelnen Menschen möglich, denn jeder Mensch steht schließlich allein vor Gott, sie bedarf aber der gegenseitigen Stützung der Menschen. Sie wird in der Stellung zum Mitmenschen erprobt und gefährdet, denn die Verfallenheit an die Massenwelt bedeutet für sie eine tödliche Gefahr. Nur die sittliche Bindung an die Mitmenschen, das Stehen in der Gemeinschaft, läßt den Menschen innerlich zu sich selbst kommen, schafft daher den Boden der existenziellen Bewährung.

Diese Gemeinschaft der Arbeiterwelt ist aber eine besondere. Sie ist keine natürliche mehr, sie bildet sich vielmehr aus den Eigentümlichkeiten der technisierten Welt. Sie ist dynamisch geladen durch den bewußten Entschluß zum genossenschaftlichen Füreinanderstehen. Sie ist b ü n d i s c h e G e m e i n s c h a f t.[13]) Diese verdankt ihre Stärke der Aktivität ihrer Glieder, darum ist sie, wie die Geschichte der Arbeiterbewegung zeigt, zu unerhörtem Einsatz fähig.

---

[13]) O. F. Bollnow spricht in seinem Aufsatz „Existenzphilosophie" von existentieller Gemeinschaft und zielt damit auf den gleichen Tatbestand. Er sagt, die Möglichkeit der existentiellen Gemeinschaft beruht auf der Treue zur frei übernommenen und immer wieder zu erneuernden Bindung. Demgegenüber versinkt alle naturhaft gegebene oder durch Gewohnheit gewahrte Gemeinschaft gegenüber der in der freien Tat der Existenz übernommenen und innerlich angeeigneten existenziellen Gemeinschaft.

Vgl. seinen Beitrag „Existenzphilosophie" in der von Nikolai Hartmann herausgegebenen „Systematischen Philosophie", Stuttgart 1942, S. 359. Zum Begriff des Bundes vgl. Hermann Schmalenbach, die soziologische Kategorie des Bundes in die „Dioskuren" I. Band 1922 ferner die Frankfurter Dissertation von Wolfgang Brobeil, die Kategorie des Bundes im System der Soziologie, 1936.

Ihre Schwäche ist aber die Gefahr des Versandens, wenn der Willenselan ihrer Glieder erlahmt. Dann verfällt sie in den Zustand der Masse. Darum bedarf sie der Organisation als ihres Lebenselementes, das die Menschen äußerlich zusammenhält und immer wieder zur gemeinsamen Idee aufrüttelt.

Diese innere Aufrüttelung wird so der Weg der existenziellen Bewährung. Doch ist damit nur die eine Seite des heraufkommenden Wirtschaftsstils bezeichnet. Der sich hier anbahnende Wandel vollzieht sich darüber hinaus aber noch nach anderen Richtungen hin. Neben der Neuorientierung des Arbeitsethos steht eine tiefgreifende Veränderung der Gütergesinnung. Sie stellt das Ethos dar, mit dem der Mensch der Arbeiterwelt den Wirtschaftsgütern entgegentritt. Diese Gütergesinnung war in der Vergangenheit durch die Unersättlichkeit des Begehrs, durch die Entfesselung der subjektiven Triebe, die auf immer mehr und neuartige Dinge abzielt, gekennzeichnet. Das führte zu dem schon früher erwähnten Nützlichkeitsstandpunkt, bei dem alle Güter nach ihrem subjektiven Nutzen, nach ihrer Eignung zur Befriedigung der subjektiven Triebe bewertet wurden. Daß man darüber eine innere geistige und seelische Beziehung zur Güterwelt verlor, dadurch auch zu den von ihnen verkörperten objektiven Werten, zu ihren Qualitäten, daß man dadurch die Güter zu Narkotizis der menschlichen Triebe degradierte, konnte nur ein für echte menschliche Werte blindes Zeitalter übersehen. So führte diese Gütergesinnung zu einem zügellosen Taumel der Güterjagd, bei dem die Güter immer weniger echte Güter waren, die von einer inneren Güte getragen sein müssen, immer mehr nur einen äußeren Schein dessen vorgaukelten. Es kam die große Zeit der schnelllebigen Massenware, aber auch des hohlen Prunks, der Neuigkeiten und Modetorheiten, der zivilisatorischen Errungenschaften, die das Dasein mit immer mehr Ueberflüssigkeiten äußerlich anfüllten, je mehr es innerlich leer wurde.

Auch in dieser Hinsicht wird der Beginn eines grundsätzlichen Wandels erkennbar. Es bahnt sich heute wieder das Verständnis für das echte Gut, für seine innere Qualität an. Es mag sein, daß auch hier der vergangene Krieg, der uns neben vielem leicht ersetzbarem Tand viele edle Güter von nicht oder kaum ersetzbarer Güte geraubt hat, seine Lektion erteilt hat. Aber auch unabhängig davon zeigt sich hier, wie das Wort von dem beginnenden Reifestadium der rationalen Technik seinen guten Sinn hat. So kann man besonders von der Seite des Technikers her, eines typischen Vertreters der Arbeiterwelt, das Erwachen eines Bewußtseins für die innere Gediegenheit eines technischen Produkts, für die Ausgereiftheit einer Konstruktion, einer Formgebung beobachten.[14])

Das Streben nach schlichter Zweckmäßigkeit des Gutes im Sinne seiner optimalen Brauchbarkeit zusammen mit dem Wunsche nach einer materialgerechten Form zielen auf Entwicklung einer inneren und äußeren Harmonie des Gutes, einen seiner technischen Eigenart entsprechenden Ausdruck, der sein Wesen darstellt. So darf man hoffen, daß es gelingen wird, das technische Produkt wieder zu mehr als einem Zeichen für die willkürliche Subjektivität seines Erzeugers und sein momentanes Können oder Nichtkönnen werden zu lassen. Es ist eine immer wieder zu machende Feststellung, daß jedes Gut unvermerkt den Geist seines Gestalters widerspiegelt. Ein im Subjektiven sich auslebender und dabei von seiner Selbstherrlichkeit durchdrungener Mensch konnte nur höchst vergängliche Güter erstellen. Nur ein sich höheren Werten unterstellender Mensch vermag Güter von gültiger Gestalt zu schaffen, die einen Wert unabhängig vom Tage ihrer Entstehung in sich tragen, darum echte Qualität verbürgen. Da dies Ziel heute wieder mehr und mehr erkannt wird, darf man erwarten, daß es mit der heranreifenden Technik gelingen wird, das Zeitalter der schnell-lebigen Massenware durch eine Periode des technischen Qualitätsprodukts abzulösen.

Eine dahin zielende Entwicklung wird heute schon bei solchen Erzeugnissen erkennbar, die technisch so durchkonstruiert sind, daß

---

[14]) In diesem Sinne sind schon Wichard von Moellendorffs Worte zu verstehen: „Vielleicht steht in einigen Jahrzehnten auch das Publikum zum Gerät wieder wie die Urgroßväter, sind die Ingenieure wieder Künstler geworden, und macht die rasende Welt alltäglich einen echten Feierabend. Die Industrie orientiert sich ethisch und gewinnt die Märkte mit Warengüte." Vgl. W. v. Moellendorff, Konservativer Sozialismus, herausgegeben von Hermann Curth, Hamburg 1932, S. 34. Schon vorher (a. a. O. S. 31) ist von den „neueren Schönheiten, der stoffgerechten Konstruktion und dem immer mehr gekräftigten Prinzip der freiwillig geleisteten Warengüte" die Rede.

sie sich seit Jahrzehnten in kaum veränderter Form auf dem Markte halten, so etwa beim Fahrrad, beim photographischen Apparat. Damit soll im übrigen nicht behauptet werden, daß die Unveränderlichkeit des Produkts ein maßgebliches Kriterium für seine innere Qualität sei. Es ist das nur ein äußerliches Merkmal, von dem her man auf seine innere Qualität einen Rückschluß ziehen mag. Es ist aber klar, daß die innere Warengüte eine Veränderung seiner technischen Beschaffenheit und damit auch seiner äußeren Form keineswegs ausschließt. Nur darauf kommt es an, daß diese Veränderung sich mit innerer Notwendigkeit, mit einer echten Vervollkommnung des Produkts, nicht allein um unwesentlicher, äußerer Rücksichten willen vollzieht.

Die qualitätslose Massenware war eine Begleiterscheinung der qualitätslosen Massenwelt. Je mehr es gelingt, den Menschen aus der Verfallenheit an die Massenwelt zu befreien — und dahin zielt die Arbeiterwelt — um so mehr muß auch seine Güterwelt ein neues Gesicht gewinnen. Durch die Entwicklung der Serienproduktion zusammen mit der Typisierung der Produkte und der Normung ihrer Teile ist der dahin führende Weg erschlossen worden. Die Serienfertigung schließt, wie sich aus der technischen Entwicklung der neueren Zeit ergeben hat, das Qualitätsprodukt keineswegs aus. Sie führt vielmehr zu einer neuen Art von Qualität, die früher unbekannt war. An die Stelle des individuellen Qualitätsprodukts der individualisierten handwerkerlichen Arbeit ist das generelle Qualitätsgut, die qualitative Typenware der generalisierten Industriearbeit getreten. In dieser Wandlung äußert sich in überraschender Weise eine Logik des historischen Prozesses, der dem Menschen die seiner Gütergesinnung entsprechenden Güter zuteil werden läßt.

Damit tritt jetzt aber ein neuer Gesichtspunkt in Sicht. Arbeits- und Güterethos sind nur zwei Seiten des hier zur Erörterung stehenden wirtschaftlichen Tatbestandes, die durch einen dritten Faktor zusammengehalten werden. Das ist derjenige der Bedarfsgestaltung. So ist das Ethos der Bedarfsgestaltung ein weiteres für den Wirtschaftsstil konstitutives Element. Es ist ohne weiteres einzusehen, daß alle drei Elemente untereinander in engem Zusammenhang stehen. Daher muß man mit dem Wandel von Arbeits- und Güterethos auch eine entsprechende Umstellung der Bedarfsgesinnung vermuten können. Das wird heute, befördert durch die wirtschaftlichen Nöte der Zeit — nicht erst diejenigen Deutschlands in und nach dem letzten Kriege, wenn auch besonders durch sie — sondern schon durch alle die Wirtschaftsnöte der Epoche zwischen beiden Weltkriegen, überall deutlich.

So sehen wir, wie das unbegrenzte Erwerbs- und Fortschrittsstreben in weiten Kreisen einer Ernüchterung Platz gemacht hat. Wenn man von der Erwerbsgier des Schwarzmarkthandels als einer Verfallserscheinung, wie sie sich in Zeiten schwerer wirtschaftlicher Störungen in dieser oder jener Form immer wieder zeigen, absieht, da der Wirtschaftsstil der kommenden Zeit nicht von asozialen Elementen her, sondern nur von geistig führenden Schichten bestimmt werden kann, so muß man das Hervortreten ganz anderer Gesichtspunkte feststellen. Es vollzieht sich eine Rückwendung zu dem, was man als das B e d a r f s d e c k u n g s p r i n z i p bezeichnet hat. Auf Bedarfsdeckung, auf Sicherung des Unterhalts richtet sich mehr und mehr das Streben des wirtschaftenden Menschen, nicht nur weil die nackte Not dazu zwingt, sondern weil man erkennt, daß sich darin der Sinn aller Wirtschaft letztlich erfüllt. Nicht mehr die subjektiven Bedürfnisse, die keine Grenzen finden, sondern objektive Lebensnotwendigkeiten, aus denen sich der echte Bedarf ableitet, werden so für das Wirtschaftshandeln der Menschen leitend. Zur Sicherung des lebensnotwendigen Bedarfs gehören keineswegs allein die das Existenzminimum gewährenden Mittel, sondern je nach wirtschaftlicher Versorgungslage auch alle die der Lebensbereicherung dienenden Mittel, die eine Entfaltung des inneren Menschen möglich machen. Das Hervortreten einer solchen auf Bedarfsdeckung abzielenden Unterhaltsgesinnung bedeutet, wie kaum betont zu werden braucht, ferner nicht ein Aufgeben des Erwerbsstrebens, stellt dies doch ein immanentes Prinzip des modernen Marktes dar. Es besagt nur die E n t h r o n u n g d e s g r e n z e n l o s e n E r w e r b s s t r e b e n s um des Erwerbes willen und seine Ersetzung durch ein auf höhere Zwecke ausgerichtetes Ziel. Dies Ziel aber ist die materielle Existenzsicherung.

Hier eröffnet sich ein neuer Ausblick auf den heute in Entfaltung begriffenen Wirtschaftsstil. Er formt sich, wie gezeigt wurde, aus dem Arbeits-, Güter- und Bedarfsethos heraus. Aus ihrer Eigenart wächst die Sinngebung hervor, die der wirtschaftende Mensch bei seinem Tun vollzieht. Dieser dem Wirtschaften beigelegte Sinn hat zwei verschiedene Seiten, eine subjektive und eine objektive. Der subjektive Sinn des Wirtschaftens wurde bei Besprechung des Arbeitsethos greifbar, als gesagt wurde, daß die Wirtschaft als ein Feld existenzieller Bewährung aufgefaßt wird. Sein objektiver Sinn, wie er für den neuen Wirtschaftsstil kennzeichnend ist, tritt uns hier entgegen: Die Wirtschaft ist das Feld materieller Daseinsbehauptung. Dies so selbstverständlich anmutende Wort bedeutet sehr Wesentliches. Es offenbart sich nämlich in ihm die Befreiung der Wirtschaft aus ihren zivilisatorischen Verstrickungen, die Wiederherstellung des ursprünglichen Sinnes, des Ursinnes aller Wirtschaft.

Bedarfsdeckung, Sicherung des Unterhalts, materielle Daseinsbehauptung, das sind alles nur verschiedene Ausdrücke für einen Tatbestand, dafür, daß der Mensch ständig von neuem der Natur seine Existenz abringen muß. Dafür hat die Wirtschaft einzutreten, indem sie der Natur die von ihr umschlossenen Voraussetzungen seiner Existenz, das sind die materlellen Mittel der Daseinsbehauptung, abtrotzt. Dies Wissen bildet den Untergrund für den Wandel des Wirtschaftsstils.

Dieser wäre aber unzureichend bestimmt, wenn man ihn seinem objektiven Sinne nach allein durch das Wiederaufbrechen des Ursinnes aller Wirtschaft als der materiellen Daseinsbehauptung kennzeichnen wollte. Er trägt darüber hinaus, wie in den früheren Darlegungen schon immer wieder anklang, deutlich Züge, die ihn zu einem Kinde des 20. Jahrhunderts stempeln. Das äußert sich in der Stellung des Gegenwartsmenschen zur Rationalisierung und rationalen Technik. Hier wird die Sonderart des Menschen von heute, die ihn von allem früheren Menschentum trennt, am deutlichsten greifbar. Er ist der Mensch der planenden Aktivität. Durch eine aktive und planende Lenkung der Naturkräfte sucht er seine wirtschaftliche Aufgabe zu bewältigen. Das ist ein Wesensmerkmal des neuen Wirtschaftsstiles, dasjenige, das schließlich für seine historische Eigenart ausschlaggebend ist. Es entspricht dem Ethos des tätigen Menschen, von dem oben als einem Merkmal des modernen Technikverständnisses die Rede war.

Fragt man nach den Wurzeln, den Triebkräften dieser planenden Aktivität, so ergibt sich, wie schon oben im gleichen Zusammenhange anklang, daß sie nicht einem Macht- und Herrschaftsstreben über Menschen oder äußere Welt entspringt, sondern aus einer entgegengesetzten, einer dienenden Daseinshaltung fließt. Durch sie wird dem Menschen die Logik seines Handelns vorgeschrieben. Während alles Herrschafts- und Machtstreben ihm von hier aus als Triumph menschlicher Willkür erscheinen muß, wird er möglichst nach A u s s ch l u ß a l l e r W i l l k ü r streben, wenn er sich in den Dienst des Seins stellen will. Darum wird er gezwungen, einerseits nach dem ewigen Sinn menschlichen Daseins und menschlichen Tuns, so auch nach dem Ursinn der Wirtschaft zu fragen, andererseits sich der ewigen Ordnung der Natur einzufügen, gerade auch dort, wo er handelnd auf sie einwirkt. Das führt zu einem Handeln, das sich im geistigen Bereich an den ewigen Daseinswerten zu orientieren sucht, das zugleich aber behutsam, überlegend, planend mit der Natur und allem von ihr Abgeleiteten umgeht.

Der Dienst an der N a t u r, den der Dienst am Sein in sich schließt, setzt ihr gegenüber eine ehrfürchtige Haltung voraus und z w i n g t z u r D u r ch s e t z u n g d e s P r i n z i p s d e r R a t i o n a l i t ä t im Umgange mit ihr. Nur wenn der Mensch rational, d. h. zugleich planend mit ihr umgeht, erweist er ihr die der Schöpfung gegenüber gebotene Ehrfurcht. Nur dann mißbraucht er sie nicht für irgendwelche von ihm usurpierte Zwecke, stellt er sie vielmehr in den Dienst von etwas, das mehr ist als er, der Mensch selbst, nämlich die ewigen Daseinswerte. Rationales Handeln, das auf diese Daseinswerte ausgerichtet ist, bedeutet daher die V e r e i n i g u n g v o n z w e i P o l e n z u e i n e r h ö h e r e n E i n h e i t, der geistigen Werte und der Naturordnung, zur Einheit des höheren, nämlich werdenden Seins, das so zur Entfaltung seiner inneren Möglichkeiten kommt. Nur indem der Mensch beiden Polen zugleich dienstbar ist, kann er seiner Bestimmung in diesem Sein gerecht werden.

Das ist das Gesicht des neu sich formenden Wirtschaftsstiles. Alte Sehnsüchte der sozialistischen Bewegung finden darin ihren Ausdruck, so der Wunsch nach einer den inneren Menschen ausfüllenden Arbeit, nach Gemeinschaft der zusammenarbeitenden Menschen, nach Sicherung des lebensnotwendigen Bedarfs, nach Wiederherstellung der Menschenwürde im Wirtschaftsleben. Zugleich sieht man deutlich, wie der heraufkommende Wirtschaftsstil allem Rationalismus abgeschworen hat (selbst dort, wo man rational plant und handelt), wie er den Sinn der Wirtschaft nicht mehr in einer immanenten wirtschaftlichen Ratio, sondern vom Transzendenten her zu verstehen sucht. Das ist eine für die geistige Situation unserer Zeit ganz bezeichnende Beobachtung. Immer wieder können wir feststellen, wie das rationale Bewußtsein auf seine eigenen Schranken stößt und sich vor das gestellt sieht, was mehr ist als es selbst.

Unwillkürlich muß man hier an die berühmten Worte Heinrich von Kleists aus seiner Skizze über das Marionettentheater denken: „Mithin", sagte er, „müßten wir wieder von dem Baume der Erkenntnis essen, um in den Stand der Unschuld zurückzufallen?" So mußten wir den Rationalismus erst bis zum Ende auskosten, um zu Grundwahrheiten der Wirtschaft wie allen menschlichen Daseins zurückgeführt zu werden, die dem traditional gebundenen Menschen früherer Jahrhunderte selbstverständlich waren. Die Zukunft muß es erweisen, ob der Umweg über das rationale Bewußtsein nicht umsonst gewesen ist.

IV. Die Verantwortung der Gegenwart

1. Die Grundlinie des Werdens zwischen Notwendigkeit und Freiheit

Doch muß jetzt der nächste und letzte Schritt in unserem Gedankengange getan werden. Versuchen wir die bisherigen Ueberlegungen zusammenzuraffen und fragen wir, was sie insgesamt für die geschichtliche Stellung des heutigen Wirtschaftslebens besagen, welche Folgerungen sich aus ihnen ziehen lassen. Dabei ist es zunächst klar, daß die beiden bisher besprochenen Gesichtspunkte, die historische Dialektik und der Wandel des Wirtschaftsstiles nur zwei Seiten ein und desselben Prozesses bedeuten. Was oben als historische Dialektik angesprochen wurde, ist nur die eine Seite des Zusammenhanges, die Realdialektik. Der Wandel des Wirtschaftsstils steht ihr nicht losgelöst gegenüber, sondern ist selbst in den dialektischen Prozeß mit einbezogen. Es ist das der Ausdruck einer Idealdialektik. Der Bezirk des Geistes, wie er in der Geschichte steht, hat selbst Teil an der geschichtlichen Dialektik, er hat seine eigene Dialektik und steht zugleich zum Werden der realen Welt in dialektischer Spannung.

So ist auch die geschichtliche Stellung des Wirtschaftslebens in der Gegenwart nur aus dem Zusammenwirken von Real- und Idealdialektik zu verstehen. Die historische Wirtschaftsgestalt ist das Ergebnis ihres Zusammenwirkens in der Vergangenheit. Sie bereitet den Boden für den ihr entsprechenden Wirtschaftsstil. Dieser formt den Menschen, der dieser Wirtschaftsgestalt zu dienen fähig und willens ist. Zugleich wird aber der Mensch zu dem entscheidenden Motor aller Umformung auf dem Boden der Geschichte. In ihm entladen sich die Spannungen und Reibungen, die jede Wirtschaftsgestalt mit sich bringt, in Konflikten und Nöten. So werden hier die Voraussetzungen für das Suchen nach neuen Wegen der Gestaltung, damit für den Wandel des Wirtschaftsstiles geschaffen. Dieser zieht dann das Wachsen der neuen Wirtschaftsgestalt nach sich.

Dieser Tatbestand, daß schließlich der Mensch der Gestalter seiner geschichtlichen und sozialen Welt ist, wird dadurch überlagert, daß seine Werke, ob Wirtschaftsstil oder Wirtschaftsgestalt, sobald sie geschaffen sind, ein Eigenleben zu führen beginnen, daß sie dann ihrer eigenen immanenten Logik folgen. Nur dadurch ergibt sich die Ideal- und Realdialektik mit ihrem jeweils eigenen Schwergewicht, zugleich das Zusammenspiel von beiden mit ihrer gegenseitigen Beeinflussung. Als überpersonale Erscheinungen sind beide keine letzten Prinzipien für das Verständnis der Geschichte, da sie beide bedingt sind. Der letzte Faktor, auf den sie beide sich zurückleiten, ist der Mensch, und zwar der Mensch jenseits aller historischen Bindungen und Determinationen, der Mensch in seinem reinen Wesen, mit dem er jenseits aller Geschichte und aller

Dialektik steht. Er ist der verantwortliche Gestalter seiner sozialen Welt, damit seines Wirtschaftsstiles und seiner Wirtschaftsgestalt.

Dieser Sachverhalt wird der für diesen Abschnitt meiner Darstellung entscheidende Gesichtspunkt. Wenn auch der konkrete Mensch stets in die überpersonalen Bindungen seiner objektiv gewordenen geistigen Welt wie in seine ebenso überpersonalen Sozialgestalten verstrickt ist, wenn beide auch ihre eigene Logik entfalten, den Menschen damit an ihr Gängelband nehmen, so wird dieser dadurch doch nicht zum Objekt des Geschichtsprozesses. Er bleibt ihr Subjekt, das die Verantwortung für das Gesamtgeschehen zu tragen hat. Wenn man das übersieht, verfälscht man die menschliche Situation in dieser Welt, damit aber auch das Wesen des Geschichtsprozesses.

Bevor jedoch der Frage, worin sich diese Verantwortlichkeit des Menschen äußert, nachgegangen werden kann, muß hier noch ein anderer Gesichtspunkt vorangestellt werden. Es muß das Fazit der bisherigen Betrachtungen in den beiden ersten Abschnitten zu ziehen versucht werden. Das kann nicht schwer fallen. Allzu deutlich liegen die Konturen fest. Die Grundlinien des Werdens treten klar zutage. Der Uebergang vom bürgerlichen zum arbeiterlichen Zeitalter, von der kapitalistischen Nationalwirtschaft zur sozialistischen Gemeinwirtschaft ist ebenso mit Händen zu greifen wie der Wandel vom fortschrittsgläubigen Wirtschaftsstil zu demjenigen einer planenden Daseinsbehauptung. Technik, Planung und Organisation werden immer mehr unser Lebenselement, auch im Wirtschaftsleben. Zweckrationale Umweltgestaltung wird uns zunehmend in eine Kunstwelt verstricken, die Naturkräfte für menschliche Veranstaltungen auszunutzen gestattet.

Mit dieser Kunstwelt werden die Menschen immer stärker voneinander abhängig. Es greift das in erstaunlichem Maße auch in das häusliche Leben ein. Der vergangene Krieg mit seinen Störungen hat jedem schmerzhaft gezeigt, in wie hohem Maße das heute schon der Fall ist. Wir sind auf Gas-, Wasser-, Elektrizitätsbelieferung, auf Lebensmittelzufuhr, auf Müllabfuhr, auf das Funktionieren des Verkehrswesens und viele andere Dinge in einem Maße angewiesen, daß die Existenz von Haushaltungen und Betrieben auf dem Spiele steht, wenn ein Glied in diesem Zusammenhange aushakt. Nur durch Organisation und Planung, unter Einsatz der Methoden rationeller Technik werden die Lücken, die der Krieg in der Versorgungslage der Bevölkerung hinterlassen hat, einigermaßen zu schließen sein. Das Ergebnis dessen ist eine Welt, die immer weniger auf das individuelle Wollen des einzelnen und seine private Sphäre, sondern immer mehr auf Gesamtheitsveranstaltungen und die dadurch geschaffenen Lebensvoraussetzungen ausgerichtet ist. So ist es kein Zufall, daß selbst der Haushalt, früher der Hort des Privatlebens, zunehmend dem öffentlichen Leben erschlossen worden ist. Suchte er sich früher nach außen hin möglichst abzukapseln, so ist er heute sich gerade den Einflüssen der Oeffentlichkeit zu erschließen bestrebt.

Noch ein anderes liegt im Zuge dieser Entwicklung. Der Bürger war ein Stadtmensch. Der Arbeiter ist es nicht in gleicher Weise. Bezeichnend dafür ist die moderne Großstadt, die nicht mehr wie die echte bürgerliche Stadt durch Mauern begrenzt ist, sondern wuchernd in die Landschaft hinausgreift. Der Arbeiter ist ein Mensch der Industrielandschaft oder, wie Ernst Jünger sagt,[15]) der Werkstattlandschaft. Unsere Siedlungsweise wächst immer mehr in diese Werkstattlandschaft hinein, die durch technische Veranstaltungen, durch Drahtnetze und Röhrensysteme, durch Kunststraßen des Land- und Wasserverkehrs, durch Flugplätze, durch Tankstellen und Umspannwerke, schließlich durch Industrieanlagen überformt ist. Damit verliert der Gegensatz von Stadt und Land seine alte Bedeutung. Die Industrialisierung des Landes macht immer weitere Fortschritte, ebenso die Technisierung der Landwirtschaft. Der traditionale Bauer wird damit mehr und mehr der rationale Bauer der technisierten Welt werden, der Industriearbeiter aber strebt nach Bodenverwurzelung. Das wird eine gegenseitige Anpassung der sozialen Lebensstile von agrarischer und industrieller Bevölkerung mit sich bringen. So greift die technisierte Welt immer weiter aus.

Eine so umfassende Entwicklung kann sich nicht gegen einen ihr widerstrebenden Menschen vollziehen. Sie konnte nur deshalb mit der Gewalt einer Flut uns alle mit sich fortreißen, weil der das öffentliche Leben und das geistige Antlitz der Zeit be-

[15]) Ernst Jünger, Der Arbeiter, Hamburg 1932, S. 208.

stimmende Menschenschlag sie bejaht. Es äußert sich darin nicht nur der Zwang der historischen (Real-) Dialektik, sondern zugleich der Stil der Zeit. Das Zeitalter des Individualismus und damit auch des Subjektivismus, das die menschliche Individualität über alles setzt, ist endgültig vorbei. An seine Stelle ist eine Epoche getreten, die auf das Generelle, das allen Gemeinsame, zugleich auf objektive, für alle verbindliche Normen zielt. Beides, das Generelle und das Objektive kommt auch in ihrem Menschenbilde zum Ausdruck. An die Stelle der Individualität tritt der Typus, der von Ernst Jünger[16]) mit Recht als der repräsentative Vertreter seiner „Gestalt des Arbeiters" verstanden wird. Nicht mehr eine ausgeprägte Individualität zu sein, sondern den Typus in möglichster Reinheit zu verkörpern, ist diesem Menschen das höchste Ziel.

Das darf wahrlich nicht als Verzicht auf höchste Menschenwürde mißverstanden werden. Dadurch sucht sich vielmehr ein Menschentum auszudrücken, das sich objektiven, ewigen Normen vom Geistigen wie vom Natürlichen her unterstellt weiß, das eine reine Darstellung menschlichen Wesens nur durch die lebendige Widerspiegelung dieser Normen für möglich hält. Subjektivität und Individualität müssen einer solchen Daseinshaltung des Menschen als Ausdruck einer Willkür, damit als Abfall von seinem eigentlichen, reinen Wesen erscheinen. Darum strebt dieser Mensch nach einer höheren Menschenwürde, als sie einem individualistischen Zeitalter jemals sichtbar wurde. Darum muß er in diesem Streben aber stets ein dienender Mensch bleiben, ein solcher, der zuchtvoll, den ewigen Normen sich unterordnend, zu ihrem Vollstrecker zu werden sucht.

Hier begreift man auch, warum dieser Mensch der heraufkommenden Arbeiterwelt kraft seiner geistigen Struktur alles Herrschaftsstreben über die Natur (wie im Grunde auch über die Menschen[17]) aufgeben muß, warum er auch alle Rationalisierung als Ausschluß menschlicher Willkür und Durchsetzung ewiger Normen der

---

[16]) Ernst Jünger, Der Arbeiter, Hamburg 1932, S. 102, 142.

[17]) Hier ist eine Einschränkung zu machen. Herrschaftsstreben über Menschen um der Herrschaft willen widerstreitet menschlichem Wesen grundsätzlich. Insoweit gilt obige Bemerkung. Notwendig wird Herrschaft aber dort, wo die Menschen von der ihnen gesetzten Bestimmung abfallen, wo die im Lauschen auf

Natur verstehen muß. Er würde sonst sich selbst aufgeben, am Sinn der Normen, denen er sich unterstellt weiß, verzweifeln. Seine Welt mit ihren objektiven Ordnungen fordert einen Menschen, der sich in ihren Dienst stellt. Nur durch diese Selbstdisziplinierung kann er zu sich selbst, zur Erfüllung seiner Bestimmung in dieser Welt kommen. Alles menschliche Tun muß sich, wenn es sinnvoll sein will, durch die diesen Ordnungen abgewonnenen Normen leiten lassen. Nur dadurch steht es im Einklang mit dem Sein, wird es seinsmächtig. Dem Sein seine Gebote in rechter Weise abzulauschen, ist daher die große Aufgabe, von der das Gelingen allen menschlichen Handelns entscheidend abhängt.

Das ist der Stil der Zeit, der Stil einer tätigen Sachlichkeit. Es liegt auf der Hand, daß ein dadurch geprägter Menschentyp zu einer technisierten, rationalisierten und geplanten Welt, zu einer Welt der Normen, Typen und Standards in einem engen, inneren Verhältnis steht. Er ist ihr Gestalter und Träger. Er wird sie daher kraft der Logik seiner geistigen Struktur weiter formen und seinem Wesen nach durchprägen. Das ist der letztlich entscheidende Gesichtspunkt für die Beurteilung der geschichtlichen Lage der Gegenwart und für das Schicksal der Volkswirtschaft. Dieser Mensch kann nicht anders als sich eine Welt der Planungen, der rationalisierten Mittel, der Organisationen aufzubauen. Die Abstellung auf das Zweckmäßige, das Sachlich-Nüchterne, das Unkonventionelle und planmäßig Ueberschaubare ist im Hinblick auf die höchsten Seinswerte sein Lebenselement.

2. *Die Offenheit der Gegenwart*

So eindeutig alle diese Feststellungen über die Grundlinie des Werdens in unserer Zeit sind, so muß doch vor ihrer Ueberschätzung

---

die Stimme des Gewissens vernehmbaren Gebote des Seins von ihnen in den Wind geschlagen werden. Dort bedürfen sie der Aufrüttelung, müssen sie durch die Zuchtrute der Herrschaft zu ihrer eigenen Aufgabe zurückgeführt werden. Diese um der menschlichen Bosheit willen erforderlich werdende erzieherische Aufgabe ist Sache der Obrigkeit, wie Luther sagte, ist das Anliegen der staatlichen Herrschaft.

gewarnt werden. Nicht daß nun nachträglich der Sinn des bisher Gesagten wieder in Frage gestellt werden soll, kann hier die Absicht sein. Es muß vielmehr ein Gesichtspunkt, der im letzten Abschnitt sich bereits aufgedrängt hat, näher betrachtet werden.

Sagen die bisher gemachten Feststellungen wirklich schon das Entscheidende über die Zukunftsgestaltung von Wirtschafts- und Sozialleben aus oder lassen sie das Entscheidende noch offen? Ist das, was sich heute anspinnt, wirklich durchgehend durch die Logik der historischen Situation bestimmt oder spielen hier noch andere Kräfte eine Rolle? Angesichts solcher Fragen muß jetzt der Blick auf ein Wesensmerkmal der Geschichte gelenkt werden, dessen Verkennung schwere Fehlschlüsse nach sich ziehen müßte. So eindeutig auch das Wirken der historischen Dialektik nach der Seite der realen wie der idealen Welt hin sich darstellte, es bleibt demgegenüber doch zu bedenken, daß der Geschichtsprozeß *kein Geschehen von mechanischer Zwangsläufigkeit*, sondern ein Werden in der menschlichen Welt bedeutet. Auf dem Boden der Geschichte gibt es keine so starren Ablaufsgesetzmäßigkeiten, wie das noch Marx sich vorstellte, und was bei aller Größe seiner Theorie der Dialektik eine ihrer Hauptschwächen ausmacht. Den *menschlichen Anteil am geschichtlichen Werden* zur Geltung zu bringen, muß daher jetzt die Aufgabe sein. Damit ist hier in das bisher entworfene Bild von der historischen Situation der Gegenwart eine wichtige Kontur nachzutragen.

Der Mensch ist nicht nur Objekt auf dem Boden der Geschichte, so wurde schon im letzten Abschnitt festgestellt, wenn er auch selbst als geschichtliches Wesen dem dialektischen Prozeß eingegliedert und unterworfen bleibt. Er ist mehr als ein so bestimmter Faktor der Geschichte, er hat die Möglichkeit, durch seine zeitlichen und räumlichen Bedingungen den Durchstoß zu den ewigen Sachverhalten des Seins zu vollziehen. So kann er sich auf sein reines Wesen besinnen, kann er wertend und handelnd zu dem dialektischen Werden Stellung nehmen. Darin liegt seine Verantwortung. Der geschichtliche Prozeß ist auch durch diese Eigenart menschlichen Wesens gekennzeichnet. Trotz seiner immanenten Notwendigkeiten bleibt er immer in seinem Endpunkte, der Gegenwart, *ein für menschliche Ge-*

staltungoffenes Geschehen.[18]) Das ist hier von ausschlaggebender Bedeutung. Der Mensch hat es stets in der Hand, inwieweit er die festliegenden Grundlinien geschichtlichen Werdens verlebendigt oder nicht. Von ihm hängt es ab, wie er sich durch sie angesprochen fühlt und ob er daher auf die in ihr angelegte Logik zu hören bereit ist oder nicht.

Diese Offenheit der Gegenwart für Gestaltungsmöglichkeiten wäre bedeutungslos, wenn der Mensch ein vollkommenes Wesen wäre, wenn er stets auf die Sprache der ewigen Normen des Seins hören würde, wenn er sie aus ihren jeweiligen historischen Verkleidungen herauszulesen imstande wäre. Dann würde er die Schrift der historischen Dialektik einwandfrei lesen können, würde er sich zum ständigen Vollstrecker der in ihr angelegten Logik machen. Doch ist diese Welt der Vollkommenheit nicht die unsrige. Der Mensch unserer Welt ist von dieser Vollkommenheit weit entfernt.

Er ist in ständiger Gefahr, von seinem eigenen Wesen abzufallen. Selbst bei ehrlichem Bemühen bleibt er seiner besseren Einsicht nicht treu. Immer wieder ist er kein Diener der ewigen Normen, verfällt er den selbst gesetzten Zwecken seines endlichen Geschichtshorizontes, damit seiner eigenen Willkür. Aber das nicht allein, er kann sein Sinnen und Trachten nicht nur im ausschließlichen Blick auf die beschränkte und vergängliche, diesseitige Welt verstocken, sondern er ist auch dem Irrtum unterworfen. Er kann sich täuschen, und ein Quentchen Irrtum bleibt in aller menschlichen Einsicht verborgen. Verstocktheit und Irrtum gehen aber in der geschichtlichen menschlichen Welt einen solchen Bund ein, daß sie sich gegenseitig immer wieder befördern, und daß aus ihnen die ganze Tiefe menschlicher Bosheit hervorwächst. Die Verstocktheit wird der Boden, auf dem der Irrtum üppig wuchert. Im Erklügeln von Gedankenkonstruktionen weiß der Mensch die Stimme seines Gewissens, jenes feinsten Barometers für die Uebereinstimmung mit

[18]) In diesem Sinne schreibt Weippert: „Es ist immer auch die Gegenwart, das Handeln in der Gegenwart, das über die Bedeutung eines geschichtlich Gewordenen entscheidet. Jede Gegenwart hat die Möglichkeit, das Gewicht der Vergangenheit zu bestimmen. Insofern gewinnt die Gegenwart in des Wortes strengem Sinne Gewalt über die Vergangenheit." Daseinsgestaltung S. 123

den ewigen Seinsnormen, zu betäuben und sich den Weg für seine eigenen Zielsetzungen frei zu machen. Deshalb ist der Mensch letztlich stets unberechenbar, deshalb ist jede Gegenwartsdeutung notwendig risikobelastet.

Das ist der große Gesichtspunkt, der für den hier verfolgten Gedankengang von schwerem Gewicht ist. Was nützt alle Einsicht in die Logik der historischen Dialektik, die auf die Gegenwart ausstrahlt, wenn der Mensch dieser Zeit sich ihr nicht zu erschließen bereit ist? Wird vor allem der Wirtschaftsstil mit dem ihn kennzeichnenden Ethos den von mir angedeuteten Weg nehmen? Das ist und bleibt eine offene Frage. Das kann nur der konkrete Gang der Geschichte lehren. Zwar sind die für meine Deutung sprechenden Anzeichen, die sich von den verschiedensten Seiten her aus der gesamten geistigen Situation der Zeit ergeben, nicht von der Hand zu weisen. Und doch muß hier nochmals, wie schon oben, betont werden, daß es nur die hellhörigsten und feinnervigsten Geister unserer Tage sind, bei denen diese Geisteshaltung beobachtet werden kann.

Wäre es nicht möglich, daß vielleicht nur die drängende Not sie dahin getrieben hat und menschliche Schwäche sie heute oder morgen wieder von dieser besseren Einsicht abfallen läßt? Das mag heute nicht wahrscheinlich erscheinen, aber möglich ist es gewiß. Daneben muß aber die Frage nach dem Wirtschaftsstil der breiten Volksschichten gestellt werden. Ist er überhaupt von den feinsten geistigen Regungen einer Zeit her zu verstehen? Der Versuch seiner positiven Bestimmung in unseren Tagen muß zu der Feststellung eines heillosen Durcheinanders der verschiedensten Regungen führen, dem eine einheitliche Linie nur schwer abgelesen werden kann. Sucht man sie herauszuarbeiten, so stößt man in erschreckendem Maße auf Verfallserscheinungen, die mit einer tieferen Sinngebung menschlichen Tuns nichts mehr zu schaffen haben und sich in der hemmungslosen Verfolgung des nackten egoistischen Interesses erschöpfen. Fast könnte diese Beobachtung am Sinn der hier betriebenen Umgrenzung des heraufkommenden Wirtschaftsstiles verzweifeln lassen. Die Auflösung scheint das einzige zu sein, was heute feststellbar ist.

Und trotzdem sind solche Tatsachen nicht das Entscheidende. Der Wirtschaftsstil und mit ihm das Wirtschaftsethos der Zukunft wird immer durch eine geistige und sittliche Elite geformt, deren Vorbild sich erst langsam das öffentliche Bewußtsein erobert. Wird aber das Vorbild der Wenigen die weiten Volkskreise nach sich ziehen? Das ist die Frage, die bei Ueberprüfung der Gegenwartslage wiederum notwendig offen bleibt. Es könnte sein, daß die wirtschaftlichen und sozialen Nöte der Zeit die Auflösung nur immer weiter treiben, daß sie gewissenlose Elemente immer stärker an die Oberfläche heben werden, um sie nach dem Grundsatz der Grenzmoral tonangebend für den Wirtschaftsstil der Allgemeinheit werden zu lassen. Dann würde das Wirtschaftsleben zum Tummelplatz niedrigster menschlicher Instinkte entarten. Es ist leicht ein derartiger Grad wirtschaftlicher Not, verbunden mit wirtschaftlicher Aussichtslosigkeit, der Zukunft vorstellbar, der auf der Grundlage einer gewissen moralischen Schwäche weiter Volkskreise solche Wirkungen haben könnte.

Es kann aber auch sein, daß die Nöte der Zeit den Menschen gerade umgekehrt zu einem großen Lehrmeister werden, der sie innerlich aufrüttelt und sie über die Not des Augenblicks auf die tragenden Daseinswerte blicken läßt, die ihnen im Dunkel der Gegenwart Halt und Kraft zu innerer Bezwingung ihres Schicksals geben. Daß eine solche Bezwingung des Schicksals damit zugleich den Boden für seine äußere Meisterung bereitet, daß eine solche menschliche Haltung Kräfte für eine echte und dauerhafte Daseinsgestaltung schmieden kann, wer wollte das bezweifeln? Welchen Weg also wird der Wirtschaftsstil der Zukunft nehmen, diesen oder jenen? Wir wissen es nicht, wir wissen nur, was uns im ersten Falle bevorsteht und welche Hoffnungen uns im zweiten Falle eröffnet werden.

Was so die Gegenwart an Ungewißheit des menschlichen Verhaltens offen läßt, gilt wie im großen und ganzen auch im einzelnen. Die technisierte Welt wird, so wurde betont, die Menschen in immer stärkerem Maße voneinander abhängig machen. Die Planwirtschaft soll zugleich eine Gemeinwirtschaft, ein Reich der Gemeinschaft sein. Wie steht es, so muß man fragen, mit dieser Gemeinschaft, sind wirklich Voraussetzungen für ihre Entfaltung gegeben oder handelt es sich um eine bloße Utopie? Mißtrauisch erinnern wir uns der Zeit, da Gemeinschaft zwischen den Menschen um so mehr entschwand, je mehr von ihr geredet wurde. Mit gutem Recht kann man darauf hinweisen, daß die steigenden Abhängigkeiten der technisierten Welt zugleich steigende Reibungsflächen zwischen den Menschen erzeugen werden, daß daher die Eintracht unter ihnen immer mehr zu entschwinden droht. Sollte die Vereisung der zwischenmenschlichen Beziehungen, die das ausgehende bürgerliche Zeitalter mit sich brachte, jetzt noch in die letzten Winkel zwischenmenschlicher Wärme eindringen?

Auch diese Frage kann heute nicht geklärt werden, nur so viel kann zu ihr gesagt werden, daß Erfüllung oder Scheitern dieser Gemeinschaftshoffnung des Arbeiterzeitalters letztlich in die Hand des Menschen gelegt ist, daß es vom Grade seines Verantwortungsbewußtseins abhängen wird, ob und inwieweit die geschichtlich angelegten Möglichkeiten zu einer Gesundung der zwischenmenschlichen Beziehungen in die Wirklichkeit umgesetzt werden.

So offen wie hier bleibt auch letzten Endes das Problem der Rationalisierung und Technisierung für die heraufkommende Zeit. Es kann schließlich nicht vorhergesagt werden, ob es gelingen wird, die von diesen beiden Erscheinungen heraufbeschworenen menschlichen, sozialen und politischen Probleme zu überwinden. Ein Naturgesetz ist das keineswegs. Daß die geschichtlichen Voraussetzungen dafür heute wie noch nie zuvor gegeben sind, versuchte ich zu zeigen. Die aufgeschlossenen Geister unserer Tage haben eine klare Einsicht in die durch Rationalisierung und rationale Technik heraufbeschworenen Gefahren. In ihnen ist eine Geisteshaltung lebendig, welche mit deren Erhebung zum Selbstzweck und damit mit ihrer Vergötzung gebrochen hat, die darum weiß, daß alle menschliche Selbstherrlichkeit, auch diejenige des Verstandes, der sich zum Herrn der Welt aufschwingen will, und diejenige der menschlichen Tatkraft, welche diese Welt beherrschen will, kläglich scheitern muß, weil sie kurzsichtig sich zur ewigen Daseinsordnung in Widerspruch setzt. Die Einsicht in die Notwendigkeiten für den Aufbau einer tragfähigen menschlichen Lebensordnung ist daher vorhanden.

Werden die Menschen von heute und morgen die Kraft aufbringen, um sich den hohen geistigen und sittlichen Anforderungen, welche diese Einsicht von ihnen verlangt, gewachsen zu zeigen? Nur wenn der neue Wirtschaftsstil weiter Boden faßt, sich das Volk erobert und nicht das Vorrecht einiger, weniger, abseits Stehender bleibt, können wir hoffen, daß das technische Zeitalter nicht einfach die Vergötzung der Wirtschaft durch diejenige der Technik ablösen, der Hochmut der Ratio sich aber weiter in seine eigenen Fallstricke treiben wird. Nur dann können wir hoffen, daß die sozialen Spannungen und Auflösungserscheinungen unseres Jahrhunderts ebenso wie der innermenschliche Verfall der Vergangenheit bezwingbar sein werden.

3. Die Gefahren des Arbeiterzeitalters

Gelingt das nicht, darüber kann kein Zweifel sein, so wird der soziale, politische und wirtschaftliche Auflösungsprozeß weitergehen, den unser Jahrhundert mit seinen Stürmen vor aller Augen stellte. Dann werden auch andere Heilmittel nicht mehr fruchten. Es werden sich dann vielmehr die spezifischen Gefahren fühlbar machen, von denen unsere Zeit bedroht ist. Darf es Wunder nehmen, daß dies Zeitalter, dem besondere Aufgaben und besondere historische Chancen zugefallen sind, auch seine besonderen Versuchungen hat, denen zu unterliegen es in Gefahr ist?

Es ist daher nicht nur die Vergötzung von Wirtschaft und Technik, der Hochmut der menschlichen Ratio, mit denen wir in diesem Falle wie in der Vergangenheit zu rechnen haben. Der Gang der Geschichte ist nicht aufzuhalten. Die Heraufkunft des Arbeiterzeitalters ist nicht abzubiegen, ebenso wenig wie man das bürgerliche Zeitalter zurückzaubern kann. Diese Tatsachen sind nicht aus der Welt zu schaffen, ob nun die Menschen bereit sind, aus der Vergangenheit Lehren zu ziehen und auf den an sie in dieser Gegenwart ergehenden Anruf zu hören oder nicht. Ist man aber nicht geneigt, auf das Gebot der Stunde zu hören, oder ist man zu schwach, ihm auf die Dauer zu folgen, so wird man unweigerlich den Verfallserscheinungen der Arbeiterwelt zum Opfer fallen, dann wird sich herausstellen, daß bestimmte Auswüchse in ihr angelegt sind, die leicht dem Menschen über den Kopf wachsen werden, wenn dieser sie nicht durch seine innere Haltung zu bezwingen weiß.

Dann wird als Ergebnis des Gestaltwandels der Geschichte nur eine Verfallserscheinung durch die andere abgelöst werden. Statt daß Ordnung gestiftet wird, muß sich dann ein Zustand dauernder Herrschaft der Unordnung herausstellen, so lange, bis die Menschen zu wirklichem Hinhören auf die Stimme ihres Gewissens und über dies hinweg auf die Sprache der ewigen Seinsnormen geneigt sind.

Die besonderen Gefahren des Arbeiterzeitalters aber liegen auf der Hand, sie sind schon oft von Seiten her, die dieser Entwicklung mißtrauisch entgegen sahen, beschworen worden. Man kann sie nach der sozialen, wirtschaftlichen und geistigen Seite hin unterscheiden.

In sozialer Hinsicht würde das bedeuten, daß das Massenzeitalter, statt überwunden zu werden, erst jetzt an seinem eigentlichen Anfang steht, daß die Masse als das Auflösungsprodukt gewachsener sozialer Ordnungen zunehmend das öffentliche Leben beherrschen wird, daß alle bisherigen Vermassungserscheinungen dafür nur Präliminarien waren. Das besagt aber, daß die Freiheit als Leitidee sozialer und politischer Gestaltung auf absehbare Zeit begraben werden müßte, daß man statt dessen einer Aera herrschaftlicher Massengängelei entgegengehen würde. Die Masse ist das typische Objekt der Tyrannis, sie ist ein Spielball in der Hand des Demagogen und Tyrannen. Sie kann gar nicht anders gebändigt werden. Bedeutet sie doch das gestaltlose Nebeneinander, die bloße Anhäufung von Menschen, die es nicht zu einer Entfaltung der Persönlichkeitswerte des einzelnen, zum mindesten nicht für die Gestaltung des Zusammenlebens kommen läßt.

Damit wird die Freiheit persönlicher Verantwortung hier aus dem politischen und sozialen Leben ausgeschlossen. Das würde eine gegenseitige Zuordnung der Menschen nach ihrer Verschiedenartigkeit, nach Merkmalen ihres inneren und äußeren Seins, also eine positive Gestaltung ihres Zusammenlebens unmöglich machen. Nur aus einer solchen Zuordnung kann echte Freiheit erwachsen, zwar nicht eine Freiheit der Ungebundenheit und individuellen Willkür, wohl aber eine Freiheit in Bindungen, die nämlich auf der Grundlage einer Verantwortung der Menschen füreinander und der Entfaltung inres persönlichen Wesens im Dienst aneinander gedeiht.

Daß das Arbeiterzeitalter mit seinem Typenmenschen und seinen Planungen der freiheitlichen Gestaltung zwischenmenschlicher Beziehungen grundsätzlich nicht entgegensteht, sondern sie geradezu begünstigt, ergibt sich schon aus früheren Gedanken dieser Arbeit. Entstammt zwar die moderne politische Freiheitsforderung vorwiegend einem individualistischen Denken, so darf heute doch rückblikkend festgestellt werden, daß die echte Freiheitsforderung, die sich aus der Würde der menschlichen Persönlichkeit als Forderung der Gewissensfreiheit und Freiheit persönlicher Selbstverantwortung ergibt, durch den Individualismus schließlich untergraben wurde, da dieser individuelle und subjektive Sondertümeleien begünstigte. Der Typenmensch dagegen bereitet durch seine Anpassung an den Mitmenschen den Boden für ein geordnetes Zusammenleben. Dem gleichen Ziel dienen seine Organisationen und Planungen. Nicht im Wege der Konkurrenz sucht dann der eine dem andern seinen Freiheitsraum abzutrotzen, sondern im Miteinander der gemeinsamen Bestrebungen und Veranstaltungen wird dem Mitmenschen sein Freiheitsraum zugewiesen. Dies aber nicht zu beliebigem individuellen Gebrauch, sondern zu verantwortlicher Nutzung der Persönlichkeitskräfte für die Gesamtheit.

Nur diese Freiheit hat überzeitliche, ewige Bedeutung. Gerade sie wird aber durch ein Massenzeitalter unmöglich gemacht. In ihm gibt es gar keine im Innern der Menschen angelegte Ordnung der zwischenmenschlichen Beziehungen mehr, daher auch keinen Raum für die freie Persönlichkeit. Statt dessen gibt es nur die äußere Bändigung der Menschen, welche diese nicht als geistige Wesenheiten, sondern als Triebwesen anspricht. Darum hat der alte römische Ruf nach panem et circenses auch heute noch seine bezeichnende Kraft, er hat Gültigkeit für alle Massenwelten. Daß in ihr die zwischenmenschlichen Beziehungen nicht nur im großen, sondern auch im kleinen Kreise ihres Eigenlebens entbehren und mechanisiert werden, liegt auf der Hand. So ist es klar, daß auch die oben für das bürgerliche Zeitalter in Anspruch genommene Vereisung der zwischenmenschlichen Beziehungen, die sich aus seinem Individualismus ergab, nun immer mehr um sich greifen wird. Die Beziehungslosigkeit der Menschen untereinander muß sie immer stärker in den Zustand des homo lupus homini versinken lassen.

Das sind die sozialen Voraussetzungen, auf deren Grundlage sich die wirtschaftlichen Verfallserscheinungen einer solchen dekadenten Welt herausstellen müssen. Um sie zu erkennen, braucht man sich zunächst nur die Verfallsmerkmale der ausgehenden bürgerlichen Epoche weiter ausgestaltet vorzustellen. Dann gelangt man zu einem schrankenlosen Erwerbstrieb, der sich durch die Lebenserfordernisse des Mitmenschen und der Gesamtheit in keiner Weise begrenzt findet, der vielmehr den allgemeinen Sieg der „Grenzmoral" herbeiführt. Das bedeutet den Sieg der hemmungslosen Begierde über den zuchtvoll gelenkten Bedarf, zugleich der bloßen Raffgier über das Leistungsstreben ernster Arbeit, für die Gesamtheit vor allem die Verdrängung der Gesamtheitsbelange durch die Ellbogenkraft der Gewissenlosesten.

Die spezifischen Versuchungen der Arbeiterwelt liegen aber nicht darin, sondern in der besonderen Art ihrer Wirtschaftsgestalt. Die geplante und durchorganisierte Wirtschaft des auf rationaler Technik aufbauenden Gesamtarbeitsprozesses wird stets den Menschen durch ihre eigene Logik in ihr Schlepptau zu nehmen drohen. Das sind die ungewollten Nebenwirkungen, die „Ueberlistungen" der planvoll vom Menschen für seine Zwecke geschaffenen Kunstwelt.

Das Schwergewicht der menschlichen Kunstgebilde, das in der kapitalistischen Wirtschaft mit ihrer Autonomie des Marktes Sorgen machte, wird im Zeitalter der geplanten Wirtschaft sich mehr und mehr auf die technischen Veranstaltungen dieser Planungen verlagern. Je mehr der Mensch in gemeinsame Einrichtungen und Organisationen einbezogen wird, um so mehr droht ihm ihr Eigenleben über den Kopf zu wachsen. Das muß sich dann in der Verdrängung echter Verantwortlichkeit, des Dienstes an überzeitlichen Seinswerten und in deren Ersetzung durch zeitlich begrenzte Maßstäbe, wie etwa durch Verantwortung vor den Lebenserfordernissen der Organisationen und vor den von ihnen verfolgten Werten, äußern. Das Entscheidende ist dabei der Verlust einer transzendenten Orientierung. Sobald er eingetreten ist, fehlt jede Möglichkeit, die begrenzte Zeitlichkeit einer Erscheinung der Erfahrungswelt abzumessen, sie in ihrer historischen Relativität zu sehen. Daher wird aus der echten Verantwortlichkeit des Menschen, die nur eine existenzielle sein kann, hier eine vermeintliche, die mit absolutem Anspruch auf Unterordnung des Menschen auftritt. Das bedeutet dann die Verabsolutierung der menschlichen Veranstaltungen, ihre Erhebung zu einer über den Menschen gebietenden Macht.

Diese Entartung der menschlichen Kunstwelt hat auf wirtschaftlichem Gebiet drei Erscheinungen in ihrem Gefolge, die schlagwortartig als Schematisierung, Bürokratisierung und Uniformierung bezeichnet werden können. Schematisierung bedeutet die Herrschaft anonymer, die vielfältigen Verschiedenheiten des Lebens ausgleichender und darum lebensfremder Kräfte über das Wirtschaftshandeln an Stelle des aus der konkreten Auseinandersetzung mit der Wirklichkeit geborenen und darum ihrer Vielfalt nachgebenden Entschlusses. Bürokratisierung besagt, daß dieser Geist des öden Schematismus, der einen nur noch äußerlich geschäftigen, aber innerlich erstorbenen Menschen voraussetzt, zum Geist der menschlichen Gesamtheitsveranstaltungen wird, die daher nur gleich Mechanismen abrollen, statt ein echtes, inneres Leben zu führen. Und Uniformierung ist schließlich das, was für den Menschen aus dieser Art des Wirtschaftens herausspringt, das sind Einheitsgüter geformt nach einem Einheitsgeschmack für einen Einheitsbedarf. So droht eine solche Wirtschaft alles über einen Leisten zu schlagen, jede echt menschliche Regung persönlicher Sonderart im Keime zu ersticken. Sie ist in ihrem kollektiven Einerlei der extreme Gegenschlag zum Individualismus der vergangenen Epoche, darum ebenso Verfallserscheinung wie dieser, das echte Kind eines Massenzeitalters.

Aus allen diesen Kennzeichen der mit dem Arbeiterzeitalter heraufkommenden Gefahren, die erwachsen, wenn der Mensch den an ihn ergehenden Ruf nicht hört, ergibt sich deutlich, wie alle Entartungen schließlich eine geistige Seite haben. Dieser g e i s t i g e Verfall muß endlich für eine derartige Sozial- und Kulturwelt ausschlaggebend werden, muß sie nach kürzerer oder längerer Zeit an die Grenze ihrer Existenzfähigkeit treiben. Hier liegt die Wurzel aller anderen Verfallserscheinungen. Hier, in der Glaubenslosigkeit und Selbstvergottung des Menschen, der Willkür seiner Wertungen und Zwecksetzungen, findet der Verfall seinen schärfsten Ausdruck. Darum muß diese Geisteshaltung auch am ersten ad absurdum geführt werden, wenn der Mensch die Sinnlosigkeit seiner Haltung und seines Tuns, die Inhaltsleere seines so orientierten Daseins bis zur Neige ausgekostet hat. Bei der Einsicht von der Nichtigkeit einer solchen Daseinsauffassung wird eine derartige Geisteshaltung schließlich aber immer landen. Immer wieder wird es sich erweisen, daß die hier versuchte Autonomisierung des Geistes, die sich der Tatsache der menschlichen Geschöpflichkeit zu entziehen sucht, die den Menschen zum Herrn dieser Welt statt zu einem sich ihr in Freiheit zuwendenden Diener machen will, keine dauerhafte Lebensmöglichkeit bedeutet.

Hier muß sich darüber hinaus aber zeigen, daß der geistige Verfall nicht nur die äußerste Zuspitzung des Verfalls in der sozialen Welt bedeutet, sondern daß er auch den Ansatz zu dessen Ueberwindung in sich schließt. Ist es doch ein allgemeines Prinzip dieses Daseins, daß das Böse, ohne es zu wollen, zugleich das Gute wirkt. So haben auch die Verfallserscheinungen im Reiche des Geistes die Wirkung, daß sie auf die Dauer den Menschen nicht nur seiner geistigen Existenzmöglichkeit berauben, sondern damit zugleich ihn auf seine echten geistigen Möglichkeiten zurückführen. Aller Verfall in der sozialen Welt ist schließlich eine Krankheit des Geistes, kann darum nur durch eine geistige Erneuerung überwunden werden. Ihr Wesen aber besteht darin, daß der Mensch sich auf die ewigen Normen seines Daseins besinnt, daß er ihnen die seiner Zeit entsprechenden Gebote abzulesen lernt. Das setzt aber eine solche innere Erschütterung voraus, daß er vorher von dem Hochmut seiner Selbstherrlichkeit abzulassen bereit sein muß. Sobald er eine solche in Ehrfurcht vor dem Sein stehende Haltung einnimmt, ist dem Verfall seine Wurzel abgeschnitten.

4. Das deutsche Anliegen

Hier rundet sich der Kreis der Gedanken, den alle bisherigen Ueberlegungen abgeschritten haben. An dieser Stelle kann daher an den Ausgangspunkt aller dieser Betrachtungen, an das Schicksal der deutschen Volkswirtschaft, wieder angeknüpft werden. Es hat sich nun ergeben, was es mit der Ablösung von den konkreten Tatsachen und der grundsätzlichen Besinnung auf die geschichtliche Lage des Wirtschaftslebens auf sich hat.

Der Zusammenbruch der deutschen Volkswirtschaft, der, wie oben festgestellt, aus einer maßlosen Ueberschätzung und Ueberbeanspruchung der völkischen Kräfte folgte, ist der abschließenden Betrachtung alles andere als überraschend. Er ist nur der Ausdruck der Tatsache, daß die inneren, menschlichen Grundlagen des Wirtschafts- und Soziallebens in der Vergangenheit mehr und mehr brüchig geworden waren. Ihr Versagen macht den militärisch ausgelösten Zusammenbruch der Volkswirtschaft aus einer äußeren Störung erst zu einer bis ins Innerste hineinreichenden Ordnungsauflösung. Was ist nicht von der Notwendigkeit einer Entfaltung der völkischen Kräfte zur Ueberwindung der kapitalistischen Wirtschaftsgebrechen und zur Schaffung einer völkischen Lebensordnung gesprochen worden! Und wie gründlich hat man das alles verfehlt! Jetzt sind die Wurzeln dieser Fehlgriffe offenbar geworden. Man hat deutlich die großen sittlichen Gebrechen vor Augen, mit denen der allzu schnell versuchte Umbau der deutschen Volkswirtschaft belastet war. In der Art, wie die wirtschaftlichen Kräfte des Volkes während des Krieges bis zum Letzten ausgesaugt wurden, ebenso darin, wie schon friedensmäßig die Mittel für Rüstung, repräsentative und ähnliche Zwecke eingesetzt wurden, zeigt sich der Mangel eines Maßstabes für das, was man den wirtschaftlichen Volkskräften zumuten durfte. Hinter dieser Bedenkenlosigkeit aber stand der Glaube an die Allmacht menschlichen Könnens, an den „fanatischen Willen“, der keine Grenzen des Vollbringens sehen will. Dieser selbstgewisse Glaube an das menschliche Können, der Kultus der Tat, die letzter Verantwortung entbehrt, statt dessen von einem Macht- und Herrschaftswillen über Natur und Mensch getragen wird, ist die eine große Hybris der vergangenen Epoche.

Doch ist das nur die eine Seite des Zusammenhanges. Nicht nur die Wirtschaftspolitik, sondern das gesamte Wirtschaftsleben wurde mehr und mehr von einer verfälschten Sittlichkeit, einem ausgehöhlten Ethos getragen. Wer wüßte nicht, daß die offiziellen Reden, die von Idealen überliefen, zur Wirklichkeit des Alltages in einen schreienden Widerspruch geraten waren? Wer wollte leugnen, daß die Rede von der Gemeinschaft im Betriebe oder im Volksganzen zu einer nichtssagenden Formel geworden war? War nicht die Formel von der Verantwortung der einzelnen Unternehmung oder eines Kartells oder irgendeines wirtschaftenden Menschen vor dem Volksganzen zu einer unverbindlichen Floskel geworden? Wer wüßte nicht, daß unter dem Deckmantel des Gemeinnutzes, der vor den Eigennutz geht, sich Selbstinteressen in hemmungslosester Form immer wieder durchsetzen konnten? So hat sich ein krasser Gegensatz herausgebildet zwischen der nach außen gekehrten sittlichen Formel und dem eigentlichen sittlichen Gehalt, zwischen dem Mantel, den man sich umhängte, und dem, was darunter steckte. Das echte Ethos wirtschaftlichen Handelns verschwand immer mehr.

Statt dessen haben wir uns in bloßen Ideologien verfangen. Ist es doch schließlich dahin gekommen, daß man in weiten Kreisen nicht mehr zwischen unverbindlichen Scheinwerten und echten sittlichen Normen zu unterscheiden wußte. Dadurch mußte alle Rede und alles Handeln verfälscht werden. Jeder Propagandaformel konnte man so zum Opfer fallen. Es hörte die Möglichkeit einer echten Ansprache des Mitmenschen auf. Man stieß an die Grenze, von der ab eine Verständigung unter Menschen unmöglich wurde mangels innerer Aufgeschlossenheit des Gesprächspartners für die sittlichen Grundtatbestände, auf denen die geistige Welt aufbaut. So hat sich das deutsche Wirtschaftsleben in der Sackgasse des zwar rational planenden, aber sittlich und seelisch abgestorbenen Menschen festgefahren. Darin äußert sich das andere Hauptgebrechen der Vergangenheit.

Das ist das traurige Fazit einer Periode, die mit der Mobilisierung der edelsten Kräfte im Volke begann, in der das echte in ihm noch lebendige Ethos aber Schritt für Schritt aus der verantwortungsvollen Teilnahme an der Gestaltung des öffentlichen und wirtschaftlichen Lebens verdrängt und durch eine mit ideologischen

Idealen verbrämte Weltanschauung ersetzt wurde, welche der transzendenten Verankerung ermangelte.

Von hier aus ergeben sich aber auch die Aufgaben der Zukunft. Es gilt vor allem andren Planen, die geistigen Grundlagen für die innere Gesundung des deutschen Menschen zu legen. Kein Zweifel kann darüber bestehen, daß der gegenwärtige Ruin der deutschen Volkswirtschaft zugleich ihre große Chance für die Zukunft bedeutet. Wenn es gelingt, jetzt aus der Vergangenheit zu lernen, die echten Kräfte im Volke wieder zu wecken und auf wirtschaftlichem Felde einzusetzen, dann darf man hoffen, daß der Bau einer wirtschaftlichen Volksordnung nicht für alle Zeiten unmöglich geworden sein wird. Dazu ist aber jene geistige Erneuerung vonnöten, der hier das Wort geredet worden ist, für die in unseren Tagen Ansätze genug vorhanden sind, so sehr auch der äußere Anschein dagegen sprechen mag.

Wird es aber gelingen, diese Kräfte im Volke zu wecken? Darin liegt die große Verantwortung des Volkswirts in unseren Tagen. Wenn man seinen Namen nicht ganz unverbindlich auffaßt, ist er derjenige, der sich für das Wirtschaftsschicksal der Gesamtheit verantwortlich fühlen muß, der dazu berufen ist, den wirtschaftenden Menschen zu seiner Aufgabe hinzuführen, ihn vor seine Pflicht zu stellen, der er sich nur schuldhaft entziehen kann. Diese menschenbildende und menschenführende Aufgabe hat in unseren Tagen der äußeren und inneren Not überragende Bedeutung gewonnen, so daß sich an ihr der deutsche Volkswirt bewähren muß.

FSC
www.fsc.org
MIX
Papier | Fördert
gute Waldnutzung
FSC® C083411

Kolibri 360 GmbH
Ferdinand-Jühlke-Straße 7
99095 Erfurt, Deutschland
produktsicherheit@kolibri360.de